BIBLIOTHEQUE

MORALE ET LITTÉRAIRE

In-8° 1re série

D'EUROPE EN ASIE

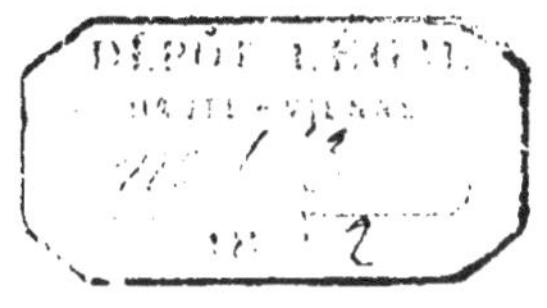

D'EUROPE

EN ASIE

SOUVENIRS D'UN OISEAU

Par A. DUBOIS

Lauréat de la société protectrice des animaux

Officier d'académie

LIMOGES

Marc Barbou et Cⁱᵉ, Imprimeurs-Libraires

Rue Puy-Vieille-Monnaie

1882

D'EUROPE EN ASIE

I

Au Pays

*Avertissement. — Au travail. — Les nids. — La nuit. — Maî-
tre renard. — Une basse-cour dévastée. — Un ennemi
mort. — Réflexions. — Les besoins de l'existence. — Qui
faut-il blâmer ? — L'échelle des nécessités. — La douleur
et la mort.*

Après avoir reconnu la contrée où chaque
printemps nous ramène; après avoir salué de
nos cris joyeux tout ce qui nous rappelait
quelque doux souvenir, il fallut songer aux
occupations sérieuses.

Nous avions joué, folâtré, gazouillé; un beau
soleil, une température douce, une nourriture
abondante avaient réparé nos forces et fait disparaître les fatigues de notre long voyage; et

le rossignol qui nous avait devancées et dont la voix vibrante se faisait, nuit et jour, entendre dans le petit bois, nous donnait un sérieux avertissement. Il semblait nous inviter au travail ; il nous disait qu'il était temps de préparer le logis de la future couvée.

Je ne vous redirai pas cette vie de labeurs, de préoccupations, de soucis, de joies vives. Les années se succèdent et se ressemblent toutes pour les petites hirondelles. Cette fois, cependant, les rôles n'étaient pas pour nous absolument les mêmes ; nous devions, à notre tour, prodiguer à nos enfants tous les soins que nous avions reçus de nos parents, l'an passé.

L'établissement d'une demeure commode, les soins de la couvée, l'élevage des jeunes, leur éducation, absorbaient tous nos instants. Mon nid était accroché, non loin de celui où j'étais née, à la poutre d'une petite construction ouverte au midi, et placée dans un coin de la basse-cour. Je recevais souvent la visite de mon jeune ami dont l'attitude était presque toujours grave et triste, depuis que, par la mort du père, il était devenu le chef et le soutien de sa famille.

Combien j'aurais voulu, faible oiseau, pouvoir reconnaître, par quelques services, son hospitalité généreuse ! Ma voix, du moins, lui disait souvent, — et je suis certaine qu'il me comprenait, — que je m'étais associée à sa tristesse et à son deuil ! . . . .

. . . .

Je vous ai dit combien, dans les déserts immenses, dans les forêts profondes, la nuit est fatale aux faibles et aux petits ; aussi que de sombres terreurs nous accompagnent dans les ténèbres ! Nous redoutons sans cesse les pièges et les embûches, et, chaque matin, nous saluons la lumière qui vient, comme un sourire rassurant, nous apporter la sécurité.

La nuit, dans nos climats qui paraissent moins dangereux, est presque aussi terrible pour l'oiseau. Plus d'un pauvre moineau, plus d'une gentille fauvette, plus d'une pauvre hirondelle se réjouissent, le matin, d'avoir échappé aux dangers de l'obscurité. Perchés aux approches du nid, ils avaient d'abord cru pouvoir dormir sans crainte, la tête ensevelie sous les plumes, quand, à la lueur d'une étoile, ils ont vu se glisser, dans leur voisinage, la chouette silencieuse, méditant quelque forfait. Un bruit imperceptible a trahi la présence d'une belette ou d'une fouine altérées de sang chaud ; sur les arbres, à terre, dans l'air, partout des menaces de destruction et de mort. Aussi, qu'elles nous paraissent longues ces heures où n'osant bouger, nous n'avons d'autre chance de salut que le hasard de n'être pas aperçus! Et quel plaisir quand vient le jour, quand, partis à tire-d'aile, nous vivons en sécurité, protégés, défendus par la lumière !

« Le pinson lance à plein gosier sa note claire et sonore ; le rouge-gorge chante au faîte du mélèze, le chardonneret dans les aulnes, le bruant et le bouvreuil sous les ramées. La mésange, le roitelet et le troglodyte confondent leurs voix. Le pigeon ramier roucoule, et le pic frappe son arbre. Mais au-dessus de ces cris joyeux retentissent les notes mélodieuses de l'alouette des bois, et l'inimitable chant de la grive. » (1)

Une nuit, je gazouillais doucement, pour rappeler aux oisillons du nid qu'ils pouvaient dormir tranquilles : c'est notre manière de bercer le sommeil de nos petits. La lune éclairait faiblement la basse-cour, le champ et le petit bois que je pouvais apercevoir du point où j'étais perchée. Tout était silencieux autour de moi, tout paraissait plongé dans le sommeil ; les habitants de la maison étaient, sans doute, profondément endormis ; le silence n'était troublé que par les cris étouffés des volailles qui se disputaient la meilleure place sur les perchoirs.

Tout à coup, il me sembla voir un animal se

(1) Tschudi.

traîner dans l'ombre; il rampait comme un serpent le long de la haie, à travers les broussailles; il s'arrêtait, tendait le cou, avançait le museau, semblait flairer dans tous les sens, et reprenait sa marche sans même froisser une feuille.

Bientôt je le perdis de vue, mais je devinais qu'il n'allait pas tarder à atteindre la muraille dont une partie était démolie et incapable de protéger la basse-cour; je pressentais un de ces drames qui, autrefois, sur la terre d'Afrique, m'avaient tant épouvantée.

Lestement, il franchit la clôture; et là, immobile, presque au-dessous de moi, il attendit encore. Je pus alors l'examiner à loisir : il ressemblait à un petit chien; son pelage fauve, plus roux sur le dos, était moins foncé sous le ventre; son museau conique était effilé, et se terminait par un point noir; il ouvrit sa gueule largement fendue, armée de dents blanches et acérées, comme pour savourer d'avance le repas qu'il convoitait; son front fuyant, ses yeux obliques, me paraissaient pleins d'astuce, de malice et de défiance; il remuait de temps en temps ses oreilles droites, courtes et pointues; sa queue, longue et touffue, traînait à terre : vous avez deviné *Maître Renard*, cet ennemi terrible des poulaillers.

Cependant, la présence du carnassier était

éventée; la voix perçante du coq se fit entendre, et les poules, folles de terreur, se précipitaient dans toutes les directions. Je tremblais
pour ma famille et pour moi; d'un bond l'ennemi pouvait nous atteindre et renverser le
nid. Le coq, qui bravement s'était porté à la
rencontre du renard, fut la première victime;
en un clin d'œil, dix cadavres jonchaient le
sol de la basse-cour où régnait le plus grand
tumulte.

Dans ce moment, il me sembla entendre le
bruit d'une porte qui s'ouvrait et le pas d'un
homme montant avec précaution derrière le
mur de la cour; le brigand a l'ouïe fine, lui
aussi avait perçu ce bruit, si faible qu'il fût;
il donna des signes d'inquiétudes, saisit une
des plus belles victimes, et, précipitamment,
franchit la muraille avec son fardeau.

Il atteignit ainsi la limite du petit bois où,
n'entendant plus rien, il s'arrêta au pied d'un
arbre, la patte sur la poule qu'il traînait; relevant la tête, il sembla explorer les environs.

Au moment où il allait reprendre sa course
pour mettre sa proie en lieu sûr, la lune, jus-
que-là à demi-voilée, éclaira le bois d'un vif
éclat. Ce fut, sans doute, la cause de la perte
du renard : un coup de feu retentit dans la
nuit et l'animal tomba sur le cadavre de sa
victime.

« Le renard est fameux par ses ruses et

mérite en partie sa réputation ; ce que le loup ne fait que par la force, il le fait par adresse et réussit plus souvent. Sans chercher à combattre les chiens et les bergers, sans attaquer les troupeaux, sans traîner les cadavres, il est plus sûr de vivre. Il emploie plus d'esprit que de mouvement, ses ressources semblent être en lui-même : ce sont, comme on le sait, celles qui manquent le moins. Fin autant que circonspect, ingénieux et prudent même jusqu'à la patience, il varie sa conduite ; il a des moyens de réserve qu'il sait n'employer qu'à propos. Il veille de près à sa conservation ; quoique aussi infatigable et même plus agile que le loup, il ne se fie pas en tièrement à la vitesse de sa course ; il sait se mettre en sûreté en se pratiquant un asile où il se retire dans les dangers pressants, où il s'établit, où il élève ses petits ; il n'est point animal vagabond, mais animal domicilié. » (1)

Dès que le jour commença à poindre, mon jeune ami entra dan la basse-cour ; il venait de déposer, sous le hangar, le cadavre du renard, et quelques voisins qui avaient entendu le coup de fusil s'étaient joints à lui.

La basse-cour présentait un affreux spectacle : de toutes parts des plumes du sang, des cadavres !.....

(1) Buffon

Les voisins témoignaient au jeune homme le regret qu'ils éprouvaient de cette perte; mais ils le félicitaient de son adresse. Plus d'un avait eu à se plaindre du renard. Depuis quelque temps, c'étaient chaque nuit des poules, des oies ou des canards emportés, sans qu'il fût possible de saisir le voleur.

Les épithètes les plus malsonnantes étaient prodiguées au bandit, dont la fourrure épaisse devait fournir à mes hôtes une légère compensation.

Je vous ai parlé ailleurs de la lutte pour l'existence, et tous ces discours faisaient naître en moi de singulières réflexions.

Le pauvre renard, qui avait payé de sa vie son aventureuse expédition de la nuit, était-il plus coupable que l'homme, ce carnassier civilisé, qui égorge de sang-froid le bœuf et l'agneau qui doivent servir à sa nourriture?

Le renard avait, sans doute, là-bas, au fond du bois, dans un terrier, des petits dont les estomacs criaient famine. C'est pour eux qu'il s'était dévoué. Que vont-ils devenir maintenant?

Et les poules seraient-elles moins à plaindre, si au lieu d'être tombées sous la dent du carnassier, elles avaient été égorgées par le couteau de la cuisinière?

Le renard qui étrangle les volailles qu'il voit pour la première fois, est-il plus sanguinaire que la servante qui vient, sans sourciller, faire passer de vie à trépas la poule familière qu'elle voit, chaque jour, picorer dans sa main ?

Et, poussant plus loin mon raisonnement, je me disais que moi, gentille hirondelle, je ne valais pas mieux que le boucher, la cuisinière, le renard, et le jeune homme qui lui avait tiré un coup defusil.

Suis-je plus excusable quand, le bec grand ouvert, j'engloutis de nombreux moucherons sans défense, qui se livrent tranquillement à leurs ébats ?

Excusables, nous le sommes tous, parce que tous nous avons la nécessité qui nous oblige, et un estomac dont il faut satisfaire les exigences.

Il y a pourtant une distinction à faire : c'est que les animaux ne tuent, n'égorgent que poussés par d'impérieux besoins, tandis que, parmi les hommes, on voit souvent des nations entières se ruer les unes sur les autres et s'exterminer sans savoir pourquoi !.....

« On peut remonter en pensée dans l'échelle des nécessités successives de destruction que la terre a dû subir.

» Contre l'air non respirable qui l'enveloppa d'abord, les végétaux furent des sauveurs. Contre l'étouffement, la densité effroyable de ces végétaux inférieurs, bourre grossière qui la couvrait, l'insecte rongeur qu'on maudit depuis, fut un agent de salut. Contre l'insecte, le crapaud et la masse des reptiles, le reptile venimeux fut un utile expurgateur. Enfin, quand la vie supérieure, la vie ailée prit son vol, elle trouva une barrière contre l'élan trop rapide de sa jeune fécondité dans les légions destructives des puissants voraces, aigles, faucons ou vautours.

» Mais ces destructeurs utiles vont diminuant peu à peu en devenant moins nécessaires. La masse des petits animaux rampants, sur qui principalement frappait la dent de la vipère, s'éclaircissant infiniment, la vipère aussi devient rare. Le monde du gibier ailé s'étant éclairci à son tour, soit par les destructions de l'homme, soit par la disparition de certains insectes dont vivaient les petits oiseaux, on voit d'autant diminuer les tyrans de l'air; l'aigle devient rare, même aux Alpes, et les prix exagérés, énormes, dont on paye le faucon semblent indiquer que le premier, le plus noble des oiseaux de proie a presque aujourd'hui disparu.

» Ainsi, la nature gravite vers un ordre moins violent. Est-ce à dire que la mort puisse diminuer jamais? La mort, non, mais bien la douleur.

» Le monde tombe peu à peu sous la puissance de l'Être qui seul a la notion du balancement utile de la vie et de la mort, qui peut régler celle-ci de manière à maintenir l'équilibre entre les espèces vivantes, à les favoriser selon leur mérite ou leur innocence, à simplifier, à adoucir et (je hasarderai ce mot) à moraliser la mort en la rendant rapide et dégagée de la douleur.

» La mort ne fut jamais notre objection sérieuse. N'est-elle pas un simple masque des transformations de la vie ? Mais la douleur est une grave, cruelle, terrible objection. Or, elle ira peu à peu disparaissant de la terre. Les agents de la douleur, les cruels bourreaux de la vie qui l'arrachaient par les tortures sont déjà plus rares ici-bas. » (1)

En attendant, les insectes continuent à butiner sur les plantes ; les petits oiseaux mangent des insectes et deviendront eux-mêmes la proie de quelques rapaces ; les renards mangent les poules ; les loups s'attaquent aux troupeaux ; les lions et les tigres n'épargnent ni l'homme, ni les animaux, et les hommes continuent à s'entre détruire !.....

(1) Michelet.

II

Hobereau — Chouette — Perdrix

Les hobereaux. — Un rapace dangereux. — Une querelle conjugale. — La chouette. — Lâche agression. — Mille contre un. — La chouette effraie. — La chasse à la pipée. — L'ouverture de la chasse. — Un parasite de la civilisation. — Pauvres perdrix ! — Perdrix grise et perdrix rouge. — Perdrix chassée.

Nous étions aux premiers jours de septembre ; depuis longtemps les jeunes nous accompagnaient dans nos excursions ; nous les conduisions dans les parages où les insectes étaient abondants, où la chasse était facile et fructueuse.

Nous avions exploré, avec elles, sur les deux rives de la Vienne, les champs et les prairies, et nous les avions mises en garde contre les attaques des crécerelles, toujours nombreuses autour du vieux château.

J'avais, depuis quelques jours, aperçu rôder des rapaces, bien plus redoutables pour nous que les crécerelles : c'était un couple de *hobereaux* qui, de temps en temps, sortaient de l'épaisseur du bois et s'élançaient sur les oiseaux sans défiance.

Vifs et agiles, les hobereaux peuvent rivaliser de vitesse avec les oiseaux les plus rapides : leur vol ressemble au nôtre ; comme nous, ils tiennent leurs ailes courbées en faucille, en battent fréquemment l'air et, tout en planant, changent de direction avec la plus grande facilité. Ils se posent rarement à terre, et se perchent de préférence sur les arbres.

J'avais vu, la veille, l'un de ces oiseaux raser le sol avec aisance, et, sans s'appuyer sur la terre, saisir dans ses serres une vipère qui voulait fuir. Malgré sa résistance, le venimeux reptile avait été emporté sur un arbre voisin. Enroulé autour d'une branche, il essaya une lutte inutile, et bientôt, coupé, déchiqueté, il devint la proie de son adversaire.

Les alouettes craignent tellement le hobereau que, pour lui échapper, elles se réfugient auprès de l'homme ; leur effroi est si grand qu'on peut les prendre avec la main.

Ordinairement, le rapace vole à ras du sol. Lorsque les alouettes l'aperçoivent de loin, elles s'élèvent rapidement à une hauteur où l'œil ne peut les suivre ; elles font retentir leur chanson, car elles savent bien qu'elles se trouvent là en sûreté. Le hobereau ne peut prendre sa proie que de haut en bas, et jamais il ne se hasarde à une pareille hauteur.

De même, nous évitons ses attaques en nous réunissant en bandes et en nous élevant dans les airs ; il n'y a de dangers que pour celles qui sont restées isolées, près de terre. Les hirondelles de fenêtre, qui s'élèvent moins haut, sont plus souvent capturées.

Cependant ce jour-là, le couple, qui chassait de compagnie, fondit sur nous à l'improviste, et avec tant de précipitation qu'une de nos jeunes compagnes fut saisie par l'un des oiseaux de proie ; elle s'échappa, puis fut bientôt reprise au moment où arrivait le second hobereau. Celui-ci sembla réclamer sa part de la victoire ; le premier possesseur s'y refusant, une lutte s'engagea. Ils se donnèrent tant de coups de bec et de griffes que l'hirondelle, toute meurtrie, parvint cependant à s'échapper, pendant que les deux rivaux, étroitement enlacés, arrivèrent à terre, où ils faillirent tomber sous les coups d'un paysan armé d'un bâton.

Nous eûmes la satisfaction de les voir s'éloigner, tout confus, dans la direction du bois où ils purent, sans témoins, terminer cette querelle conjugale.

Un peu plus tard, nous prenions notre revanche en harcelant un pauvre oiseau de proie nocturne, qui n'était pour rien dans l'attaque brutale des hobereaux.

Il n'y a pas que les hommes qui professent la maxime : « Œil pour œil, dent pour dent ! »

Une malheureuse *chouette* s'était fourvoyée en pleine lumière, sur le tronc d'un gros noyer. Vous saurez que tous les oiseaux, et plus particulièrement les pies et les corneilles , ont pour les chouettes une antipathie incroyable.

Une pie aperçut, la première, l'oiseau de nuit que le soleil aveuglait, et donna le signal de l'agression : c'était une bonne aubaine que pas un seul passereau du voisinage ne voulut laisser perdre. En un instant, les pies, les geais, les merles, les mésanges, les oiseaux gros et petits criaient, piaillaient, vociféraient en entourant l'ennemi commun. Attirés par ce concert discordant, nous vînmes joindre nos efforts à ceux des premiers combattants. Le spectacle des plus comiques était absolument sans danger pour nous.

La chouette, ahurie par l'éclat de la lumière, ne répondait que par des gestes risibles à nos insultes et à nos attaques ; elle remuait la tête dans tous les sens, ou faisait entendre, comme les perroquets, une sorte de craquement de bec qui indiquait sa colère impuissante ; enfin, la trépidation de ses pieds représentait une sorte de danse qui n'aboutissait qu'à encourager nos insultes : c'était à qui l'assaillirait, la harcèlerait, lui arracherait une plume, et les plus faibles d'entre nous se montraient peut-être les plus acharnés.

Heureusement pour la pauvre chouette, le soleil se cacha sous un gros nuage ; se trouvant en état de pouvoir se diriger, elle s'envola au plus vite et disparut dans le tronc creux d'un arbre voisin, au grand désappointement de ses persécuteurs.

J'avais cédé à un mouvement irréfléchi en me mêlant aux agresseurs de la chouette, et j'en éprouvais maintenant quelques remords. Mon expérience m'avait appris qu'il y a lâcheté à s'attaquer aux êtres sans défense; et puis, je devais de la reconnaissance à un oiseau de la même espèce qui souvent, pendant la nuit, venait visiter la basse-cour et le hangar où nous avions établi notre demeure.

Plus d'une fois, la *chouette effraie*, ou fresaie, nous avait débarrassées des rats qui menaçaient notre couvée.

L'effraie, répandue sur tout le globe, est très commune en France; c'est un joli oiseau de nuit, à la face grise, à la tête enfoncée dans une belle collerette formée de petites plumes fines, molles, à barbes désunies, blanches, ceintes de plumes jaunes plus roides.

Tout son plumage est gris de lin glacé, pointillé de gris et de noir.

Son cri lugubre et l'espèce de soufflement qu'elle fait entendre lui ont, sans doute, valu le nom qu'elle porte. Elle est, à la campagne, un objet de crainte et d'horreur, et devrait, au contraire, être considérée comme un ami du paysan dont elle contribue à conserver les récoltes en détruisant les rats et les souris, les campagnols et les mulots.

La haine inconsidérée des petits oiseaux pour la chouette cause, chaque année, la perte d'un grand nombre. On met à profit cette prédisposition qu'ils ont à poursuivre les rapaces nocturnes pour les prendre à la *pipée*.

Pour cela, on attache une chouette au milieu d'un fourré que l'on a, préalablement, garni de pièges et de gluaux. Aux cris de l'oiseau de nuit, on voit, de toutes parts, accourir une multitude de passereaux de tout genre, qui viennent s'empêtrer et se prendre aux pièges qu'on leur a dressés. C'est surtout une heure environ avant le coucher du soleil que cette chasse se pratique avec succès.

Le lendemain, dès l'aube, nous entendions de tous côtés retentir des coups de fusil : c'était l'ouverture de la chasse, et nous nous réjouissions de n'avoir pas les chairs dodues et le fumet exquis des oiseaux considérés comme *gibier*. Le chasseur qui, à l'ouverture de la chasse, s'amuserait à user sa poudre contre de maigres hirondelles, deviendrait bientôt la risée de tous les disciples de saint Hubert. Notre sécurité n'était donc pas troublée par ce tapage insolite.

Cependant, nous ne pouvions nous empêcher de plaindre les lièvres, les lapins, les cailles, les perdix rouges et grises, cachées dans le sillon, tremblant de peur à la vue des chiens et des chasseurs semant partout l'épouvante et l'effroi.

La *perdrix* est un parasite de la civilisation ; mais il faut avouer que la civilisation lui fait payer trop cher les bienfaits qu'elle en reçoit !

« Il semble qu'elle ait besoin de l'homme pour exister ; elle ne multiplie abondamment que sous sa tutelle. Fort rare, sans doute, au temps où, ce qui sur cette terre n'était pas forêt, était marécage, elle a suivi pas à pas le pionnier dans ses conquêtes sur la nature primitive : dévoré par cette soif de l'inconnu que l'homme lui avait mise au cœur, celui-ci s'avançait dans les solitudes. Sous sa cognée tombaient les chênes gigantesques et les hêtres monstrueux ; pour la première fois, un rayon de soleil vivifiait et réchauffait cette terre noire et humide. L'homme prenait sa houe, il ouvrait un sillon, et quand l'heure de la moisson était venue, il se trouvait que le champ nouveau comptait des hôtes de plus, les perdrix, qui étaient venues chercher dans l'épi un aliment, dans les tiges drues et flexibles un abri pour leurs ébats.

» Concentrée dans quelque point ignoré de l'Orient, des bords de la Mer-Noire probablement, la *perdrix grise*, toujours en quête des pays doux et tempérés qui sont ses climats de prédilection, tendait à gagner l'Occident.

» Sa propagation était lente, sans doute, le mouvement de progression vers l'Ouest devait être imperceptible, mais il devait être aussi très régulier et très continu, car les Nemrods de ce temps-là, qui avaient le choix entre tant de victimes opimes, devaient professer pour le pauvre oiseau un dédain tutélaire. Ce fut, sans doute, ainsi qu'elle gagna les plaines de la haute Italie, soigneusement cultivées, et d'où elle se répandit dans le reste de l'Europe. » (1)

Pourquoi, pauvres oiseaux, les Nemrods modernes ne professent-ils pas pour vous le même dédain que ceux des siècles passés?...

Je voyais là, blotties sous des touffes de maïs, deux mignonnes perdrix grises, et à quelque distance le chien qui les avait éventées ; derrière lui, le chasseur, le doigt sur la détente et prêt à faire feu !

Le chien se rapprochait, son œil s'allumait, sa queue ondulait dans un mouvement horizontal de plus en plus nerveux, ses oreilles frémissaient, des frissons semblaient passer sur son corps.

Inquiètes, les perdrix devinaient le danger. Faut-il attendre?... Faut-il fuir?... Faut-il

____

(1) De Cherville.

D'Europe en Asie.

demander le salut à nos pieds ou à nos ailes?...

Elles partent, elles s'envolent!. Deux coups de feu retentissent ; mais, sans doute, la distance était trop grande. La brise emporta quelques plumes, et je vis bientôt les malheureux oiseaux disparaître sous le couvert d'un petit bois.

Hélas ! verront-elles la fin de la journée?.....

La *perdrix rouge* diffère de la perdrix grise par ses instincts, ses habitudes, ses mœurs et son plumage. Elle a la gorge blanche, encadrée par un collier noir, qui, partant des yeux, s'élargit insensiblement sur les côtés et en avant du cou.

La perdrix grise aime les plaines et préfère celles qui sont le mieux cultivées ; la perdrix rouge, au contraire, ne se plaît que dans les contrées montueuses, arides et rocailleuses.

Tout le monde connaît le dévouement des perdrix pour leurs petits, et l'incroyable énergie avec laquelle ces oiseaux se dévouent pour attirer sur eux le danger qui les menace.

« Si un chien s'emporte, et qu'il les approche de trop près, c'est toujours le mâle qui part le premier, en poussant des cris particuliers, réservés pour cette seule circonstance : il ne manque guère de se poser à trente ou quarante pas, et on en a vu plusieurs fois revenir sur le chien en battant des ailes, tant l'amour paternel inspire de courage aux animaux les plus timides! Mais quelquefois il inspire encore à ceux-ci une sorte de prudence et des moyens combinés pour sauver leur couvée. On a vu le mâle, après s'être présenté, prendre la fuite, mais fuir pesamment et en traînant l'aile comme pour attirer l'ennemi par l'espérance d'une proie facile, et fuyant toujours assez pour n'être pas pris, mais pas assez pour décourager le chasseur ; il l'écarte de plus en plus de la couvée ; d'autre côté, la femelle, qui part un instant après le mâle, s'éloigne beaucoup plus et toujours dans une autre direction. A peine s'est-elle abattue, qu'elle revient sur-le-champ en courant le long des sillons, et s'approche de ses petits, qui se sont blottis, chacun de son côté, dans les herbes et dans les feuilles ; elle les rassemble promptement, et avant que le chien, qui s'est emporté après le mâle, ait eu le temps de revenir, elle les a déjà emmenés fort loin, sans que le chasseur ait entendu le moindre bruit. »

III

La Caille

La caille. — Une grande voyageuse. — Arrivée des cailles; leur couvée. — Émigration. — Sous le couvert. — Une victime. — La mort partout. — Dans le midi. — La mer. — Fables. — Effort suprême. — Sur la côte d'Afrique. — Fatigues inouies. — Extermination. — En captivité. — Combats de cailles.

Souvent, depuis mon retour, j'avais entendu le cri strident et monotone de la *caille*, et, à cet appel, qui n'a cependant rien d'harmonieux, je ne pouvais maîtriser ma vive émotion.

Cette voix sonore qui part, matin et soir, du fond des sillons, qui s'élève des sainfoins et des trèfles, des prairies et des champs de blé, me redit que la caille est comme moi une grande voyageuse, et que là-bas, par delà les mers, elle m'a plus d'une foi rappelé le petit coin de terre où je suis née.

Elle est particulièrement aimée des rêveurs et des poètes :

« Pour eux, ce cri parti d'une touffe d'herbe est le salut de la grande voyageuse, encore une fois de retour parmi nous ; elle leur parle des splendeurs du pays qu'elle vient de quitter, de l'immensité des mers et des déserts qu'elle a traversés, des rouges horizons du ciel d'Afrique, de ce monde des noirs, légende fantastique pour notre monde des blancs : l'humble voix est plus éloquente encore, elle les entretient du maître de ces mondes; de Dieu, qui a décidé que le plus faible des oiseaux, le plus mal partagé sous le rapport de la puissance du vol, accomplirait, chaque année, la plus longue de ces miraculeuses migrations; de Dieu, qui a voulu que les forces qu'il mesurait si parcimonieusement à un pauvre oiseau, suffisent à une tâche dont la grandeur épouvante l'imagination.

» Singulier mystère que celui de nos migrations, mystère que l'homme a sondé, mais dans lequel, par-dessus tous les calculs, toutes les probabilités, toutes les suppositions, toutes les déductions, apparaît constamment cette main providentielle et toute puissante qui semble avoir si minutieusement prévu, si ingénieusement organisé ce qui devait assurer la conservation des espèces. » (1)

C'est dans la dernière quinzaine d'avril, c'est-à-dire quelques jours après notre retour, quelquefois seulement dans la première quinzaine de mai, suivant la température, que les cailles arrivent en France. Celles qui nichent en Europe partent de l'extrémité du continent

(1) De Cherville.

africain, gagnent les bords de la Méditerranée, la traversent, se répandent en Grèce,
en Italie, sur les côtes de Provence, en Espagne.

Après s'être reposées de cette incroyable
traversée, elles s'avancent dans la direction du
nord jusqu'à ce que leur instinct les arrête
dans quelque plaine fertile où elles déposeront
leur couvée. Comme elles sont maigres et ha-
rassées! Comme elles ont besoin de réparer
leurs forces épuisées! C'est à peine si, de loin
en loin, elles font entendre leur chant.

La femelle fait son nid à terre, dans les
prairies ou dans les blés; quelques herbes
sèches et quelques feuilles le composent. Elle
y dépose de douze à quinze œufs d'un gris
verdâtre, mouchetés de brun; au bout de
vingt-un jours, les cailleteaux éclosent; ils
naissent couverts de duvet et sont en état de
suivre leur mère aussitôt qu'ils sortent de
l'œuf. Dans trois mois, ils ont pris leur ac-
croissement complet, et ceux qui ont échappé
au plomb du chasseur peuvent, vers le 15 septembre, entreprendre le grand voyage qui doit
les ramener dans les contrées où la température est plus douce.

La grande émigration se manifeste en septembre, elle se continue en octobre, et, en
novembre, on rencontre encore quelques retardataires. L'immense armée se replie sur

elle-même pour franchir plus de la moitié du diamètre de la terre. Elles ne se rassemblent pas, comme nous, pour le départ ; chaque individu part sans paraître se soucier des autres, et, en route, tous ces émigrants se rencontrent pour former ces nombreux bataillons qui arrivent dans le midi de l'Europe. Peu de jours après le départ, tous les champs, le long de la Méditerranée, fourmillent de cailles.

Hélas ! pourquoi faut-il qu'elles ne rencontrent partout que persécution et misère !

En voilà deux, de nos mignonnes amies, qui trottinent sous le couvert d'un épais fourré de plantes ; elles fuient anxieuses et inquiètes ; elles entendent marcher derrière elles ; et, pour dépister l'ennemi, elles vont, viennent, croisent et recroisent leurs voies ; elles exécutent des tours et des détours. Elles tournent la tête et voient, fixés sur elles, les yeux flamboyants d'un grand épagneul ; à quelques pas de lui, apparaît l'homme qui lance la foudre !...

Déjà le sifflement du plomb leur a appris qu'elles doivent demander le salut à leurs pattes plutôt qu'à leurs ailes ; elles continuent à se dérober en courant, et poussent l'audace jusqu'à passer entre les pattes du chien déconcerté.

Mais le chasseur est patient ; il sait que le

succès dépend de sa ténacité ; les lignes se resserrent de plus en plus ; les pauvres cailles arrivent à l'extrémité du champ ; plus loin, c'est la plaine nue, il faut s'envoler !...

Un coup de feu retentit ; l'un des gracieux oiseaux tombe sur le sol où le chien vient le saisir dans sa gueule formidable pour le porter à son maître, pendant que l'autre caille, affolée, va cacher dans un buisson peu éloigné son effroi et sa douleur.

Sans protection, maigres, exténuées de fatigues, elles sont, pendant tout le cours de leur voyage, abandonnées à l'acharnement de leurs ennemis.

La mort est partout : le fusil est peut-être le plus inoffensif des moyens employés contre elles ; mais il n'est pas une station sur la route qui ne cache un piège, qui ne dissimule un filet ; il n'est pas un champ où elles ne laissent quelques-unes de leurs compagnes ; et, c'est effroyablement décimées, qu'elles arrivent sur le littoral de cette mer qu'elles doivent bientôt traverser.

» Dans les haies, le long des ravins, des fossés, des prairies dans chaque buisson, derrière chaque motte de terre, une caille se lève sous les pas du chasseur ; en quelques heures, sa carnassière est remplie. Si le sirocco a soufflé la nuit, le lendemain on ne trouve plus une seule caille là où elles étaient en nombre la veille ; mais bientôt de grandes bandes apparaissent subitement de nouveau, et cela continue ainsi jusqu'à ce que le froid de la nuit arrête les voyageuses. » (1)

Elles courent, elles courent toujours, les petites cailles; elles voyagent sur le continent autant qu'elles peuvent; c'est pourquoi il s'en réunit des quantités innombrables à l'extrémité des trois presqu'îles européennes.

Elles réservent leurs ailes pour l'effort suprême. Elles s'élèvent à une assez grande hauteur, soit pour y chercher un courant favorable, soit pour échapper au danger d'être précipitées dans la mer par des bourrasques.

Si le vent est constant, la traversée peut se faire heureusement ; mais la moindre tempête, la moindre déviation dans le courant qui les emporte en fait périr des milliers ; on les voit alors se débattre entre les vagues qui ne tardent pas à les engloutir.

Des marins, témoins de ce spectacle, en ont fait le récit, qui a donné lieu à cette fable :

Lorsque la caille, fatiguée, n'est plus soutenue dans son vol, on la voit se reposer tranquillement sur les flots ; elle ouvre une aile à la brise, et ce petit navire emplumé est sûrement poussé vers le port.

(1) **Von der Mühle.**

Les anciens naturalistes, qui nous faisaient passer l'hiver dans la fange des lacs et des étangs, avaient aussi, dans leurs descriptions des habitudes de la caille, donné un libre cours à leur penchant pour le merveilleux : Ils prétendaient qu'en partant l'oiseau se munissait d'un petit morceau de bois qui lui servait de radeau ou de point d'appui, quand il voulait se reposer sur la surface de la mer. Ils disaient encore que la caille emportait, comme lest, trois petites pierres qui lui servaient à se maintenir contre le vent, et qu'ensuite elle les laissait tomber une à une pour reconnaître, au bruit, si elle avait dépassé la mer.

Un observateur, placé sur la côte septentrionale de l'Afrique, peut assister à l'arrivée des cailles : Il apercevra d'abord un point noir qui semble glisser au-dessus des eaux et qui approche rapidement. Les voilà !... Elles arrivent tellement fatiguées qu'elles se précipitent, ou plutôt se laissent tomber à terre, immédiatement au bord de la mer ; immobiles pendant quelques minutes, elles semblent incapables de faire aucun mouvement. Mais bientôt elles se raniment, elles commencent à s'agiter ; elles se lèvent et courent sur le sable.

Elles ne se confieront à leurs ailes que dans quelques jours, et ne comptent, en attendant, que sur la rapidité de leur course. Elles ne prennent leur vol qu'en cas de danger extrême.

Du reste, une fois à terre, c'est surtout en courant qu'elles continuent leur migration.

Que de fatigues ! et combien de malheureuses victimes marquent les étapes de leur route immense !

Au moment du passage, les cailles se vendent deux sous sur le marché de Naples; jadis, l'évêque de l'île de Caprée percevait une dîme sur les cailles qu'on capturait; il bénéficiait, dit-on, chaque année, d'une somme de près de cinquante mille francs ; à Rome, on a mis en vente jusqu'à dix-sept mille cailles en un seul jour.

Sur la côte de la Morée, on sale les cailles pour les conserver, et on les répand ensuite sur tous les marchés de l'Archipel.

« Dans la Maïna, et surtout dans les îles, tous, jeunes et vieux, sont occupés à la chasse et à la préparation des cailles. On les prend avec des lacets, des filets, des gluaux ; des enfants les assomment à coups de bâton à mesure qu'elles arrivent. On les plume, on leur coupe la tête et les pattes, on les vide, après leur avoir fendu la poitrine, puis on les emballe comme des harengs et on les expédie. »

Et ce n'est pas d'aujourd'hui que date cette extermination :

« En ce pays de Provence, écrivait un vieil auteur, on prise fort peu les esperviers, fors en quelques lieux particuliers où il y a passage de cailles : ce qui est principalement au pays de Toullon et villages d'alentour, où elles passent en telles quantités qu'il se trouvera homme à Sifours, une lieue de Toullon, qui, avec un espervier, une gaule à la main et sans chien, prendra six douzaines de cailles par jour. »

On peut aisément se faire une idée du nombre de ces oiseaux que pouvaient détruire ceux des chasseurs qui employaient les grands procédés à l'aide de filets.

La mort rapide sous le plomb du chasseur, sous la griffe de l'oiseau de proie, sous la main ou le bâton de l'oiseleur, n'est peut-être pas l'épreuve la plus terrible que les cailles aient à subir. Les Chinois les privent de leur liberté et les dressent au combat, comme on le fait pour les coqs dans certains autres pays.

« Pour exciter davantage ces oiseaux, on les élève d'une manière particulière, dans une volière qui varie, suivant le nombre qu'on en possède, de trois à cinq mètres de long, sur environ trente ou quarante centimètres de hauteur et de profondeur. Cette volière est construite en planches pleines, dessus, dessous et derrière ; le devant est fermé au moyen d'un petit grillage en bois, au bas duquel se trouve une auge pour recevoir les aliments. La volière est divisée en compartiments d'environ

trente centimètres : ces compartiments, égale-
lement fermés par des planches pleines, empêchent les oiseaux de s'apercevoir les uns
les autres, même lorsqu'ils vont manger.
Derrière la cage, et en face de chaque sépara-
tion, se trouve une petite porte à coulisse,
par laquelle on introduit les oiseaux dans ce
domicile ainsi installé. Une nourriture toni-
que, et probablement aussi excitante, leur est
donnée, afin de les entretenir dans les meil-
leures dispositions à réaliser les vœux de leurs
maîtres. Ces oiseaux chantent presque continuellement, stimulés les uns par les autres,
et on comprendra que cette animation se trouve
augmentée par la présence des voisins qu'ils
ne peuvent voir et avec lesquels il leur est
impossible de communiquer.

» Les Chinois, qui ont la passion du jeu
poussée très loin, comme la plupart des peuples de l'Asie, se rendent dans les maisons de
jeu avec un certain nombre de cailles, renfer-
mées chacune dans une bourse en toile, fermée dans sa partie supérieure par une coulisse. Là, ils trouvent bientôt un adversaire
qui accepte le pari proposé, et immédiatement
on lâche les deux champions sur une arène
de la forme d'un crible, dont le fond est en
toile clouée extérieurement sur un cercle en
bois, ayant environ soixante-dix centimètres
de diamètre, sur dix de haut. Là, nos petits

adversaires se trouvent comme en champ clos et s'attaquent sans hésitation. Le sort du combat est aussi très court ; il dure trois minutes, et enfin, après l'issue du combat, chacun des éleveurs reprend sa caille, lorsqu'elle n'a pas péri dans la lutte, la replace dans la bourse dans laquelle il l'a apportée, et en sort une autre toute fraîche, offrant une revanche à celui qui a perdu, et souvent même défiant les spectateurs lorsqu'il a été victorieux. » (1)

La mort au grand air, en pleine lumière, n'est-elle pas mille fois préférable que la captivité dans une étroite prison et la lutte avec ses compagnes, pour la grande voyageuse qui parcourt chaque année deux immenses continents !...

<h1 style="text-align:center">IV</h1>

En Grèce

Encore partir ! — Changement d'itinéraire. — En Grèce. — La Bartavelle. — Le pseudaëte de Bonnelli; sa vigueur et sa férocité. — Dans les serres d'un aigle. — Le pseudaëte et les oiseaux aquatiques. — D'anciennes connaissances. — Le loriot. — La rémiz. — Charmant architecte. — La pie-grièche écorcheur. — Le pétrocincle. — La cigogne blanche; ses habitudes.

Bientôt les sages de la tribu décidèrent qu'il était temps d'entreprendre le grand voyage.

(1) Tastet.

Nous allions, de nos ailes puissantes, franchir l'espace que les cailles parcourent en trottinant dans les sillons. Six mois se sont écoulés depuis mes pérégrinations en Afrique, et l'impérieuse nécessité va nous contraindre à nous éloigner de nouveau...

Les réunions bruyantes, les conciliabules animés ont eu lieu, comme de coutume, autour de la vieille église ; et, comme l'an passé, toutes ensemble, nous nous dirigeons vers l'Italie.

Notre itinéraire fut le même jusqu'à Otrante; mais, arrivée à ce point, je pris au sud-est et allai me reposer à Corfou, l'antique Corcyre, posée comme une sentinelle à l'entrée méridionale de la Mer Adriatique.

Le lendemain, après avoir longé les côtes de l'Albanie, j'étais en Grèce, suivie de ma famille et d'une troupe nombreuse de mes compagnes.

Le climat de la Grèce est délicieux; le sol, bien que montagneux, est fertile. Nous franchissons des montagnes couvertes de forêts d'oliviers, des vallées remplies de myrtes, de lentisques et de lauriers-roses.

Partout nous rencontrons des milliers d'oiseaux, fuyant comme nous, devant l'hiver. Les cailles et les bécasses couraient dans les bois et dans les plaines; jamais plus splendide festin n'avait été servi aux oiseaux de proie.

Voici la *bartavelle* ou *perdrix grecque*, souvent confondue avec la perdix rouge; pourtant, son plumage offre des nuances moins vives; le dessus de son corps n'a pas cette teinte de roux olivâtre qui caractérise la perdrix rouge; il est d'un roux plus cendré; elle en diffère encore par le collier noir qui s'avance sur sa poitrine et par l'absence de taches noires sur les plumes blanches de son plastron.

Mais pourquoi ce bel oiseau, dont le volume me paraît double de celui de la perdrix grise, fuit-il épouvanté? Ce n'est pas la présence, au-dessus de lui, d'un bataillon d'hirondelles qui peut lui causer cet effroi. Il se tapit dans une touffe d'herbe; il s'aplatit, se dissimule de son mieux; toutes ces précautions seront peines perdues : Voici l'ennemi!

Du sommet de la montagne voisine, à parois rocheuses et escarpées, s'élance un grand oiseau; son vol ressemble à celui du faucon : c'est *l'aigle pseudaëte*, assez commun dans ces contrées. Le pseudaëte a près de deux mètres d'envergure; il est agile, courageux et hardi.

Il plane en décrivant des cercles; son regard est vif et étincelant; il a vu la pauvre bartavelle dont la perte est assurée; et à l'aspect de ce succulent gibier, ses yeux expriment une rage et une férocité incroyable. Il mesure la distance, se laisse tomber en fendant l'air comme une flèche, et remonte triomphalement en emportant la perdrix dans ses serres puissantes. C'est toujours et partout, meurtre et carnage !...

Le pseudaëte réunit la vigueur du faucon à l'agilité de l'épervier, le courage de l'aigle à la férocité de l'autour ; il ne craint aucun autre oiseau et attaque tous ceux qui se montrent dans son voisinage. On l'a vu combattre le gypaëte, le vautour cendré, le pygargue et l'aigle fauve ; il ne vit en paix avec aucun autre rapace. On a prétendu, mais c'est une erreur, qu'il ne vivait que d'oiseaux aquatiques. En Espagne, il est l'ennemi le plus redoutable des poules ; il les poursuit avec opiniâtreté et les enlève sous les yeux de l'homme.

Planant au-dessus d'un lac, j'ai pu me rendre compte de l'impression que causait l'apparition du pseudaëte. Les oiseaux aquatiques, qui s'inquiétaient à peine des milans rôdant aux environs, et qui, à peine, levaient la tête quand un aigle criard se montrait, se précipitaient dans les roseaux dès qu'un pseudaëte était en vue. Les poules d'eau fuyaient, en courant sur les plantes aquatiques ; les canards se couchaient sur l'eau, le cou étendu ; de tous côtés retentissaient des cris d'appel et d'angoisse jusqu'à ce que le tyran eut jugé à propos de s'éloigner.

En Grèce, le pseudaëte établit son aire dans les crevasses des parois des rochers les plus inaccessibles ; il la construit avec de petites branches d'olivier sauvage, et les feuilles du chêne épineux ; l'intérieur est tapissé de duvet.

J'ai retrouvé en Grèce le rossignol progné, si commun dans les Sierras espagnoles ; le *loriot* ou merle d'or, ce grand mangeur de cerises, dont j'avais vu, en France, le nid en forme de coupe, artistement suspendu aux branches d'un grand chêne voisin de mon hangar.

J'ai revu la *mésange à bourse*, ou *rémiz penduline*, commune dans les marais du midi de la France.

Vive, agile, hardie, la *rémiz penduline* grimpe admirablement le long des roseaux au milieu desquels elle se tient soigneusement cachée ; elle explore sans relâche tous les coins et recoins de son domaine. C'est, de tous les oiseaux du midi de l'Europe, celui dont le nid est construit avec le plus d'art ; elle le suspend à l'extrémité d'un rameau flexible incliné sur l'eau, de telle sorte qu'aucun ennemi ne puisse se risquer sur ce frêle appui.

J'ai observé plus d'une fois, dans mes voyages, ces nids curieux, et j'ai voulu me rendre compte de la manière dont ils sont construits.

La penduline choisit un rameau mince,

pendant, présentant une bifurcation ; elle l'entoure de laine ou de poils. Entre les branches de la bifurcation, elle fixe les parois de l'édifice et les tisse jusqu'à ce qu'elles dépassent assez ces branches pour qu'elle puisse les rattacher par en bas, l'une à l'autre, et former ainsi un plancher aplati. Ainsi ébauché, le nid ressemble à un panier à bords plats : les parois extérieures sont ensuite solidifiées au moyen du duvet des peupliers et des saules que l'oiseau agglutine au moyen de sa salive, comme nous agglutinons, nous-mêmes, les petites mottes de terre qui composent nos demeures, et qu'il fixe avec des filaments d'écorce, de la laine et des poils. Dans ce moment, le nid présente la forme d'un panier à fond arrondi ; alors l'oiseau commence à construire une petite ouverture latérale circulaire ; le nid a deux de ces ouvertures : l'une est munie d'un couloir, l'autre reste ouverte. Enfin, la rémiz dépose au fond de son nid une couche d'environ deux centimètres de duvet végétal, et la construction est terminée.

L'édifice représente alors une bourse de quinze à vingt centimètres de haut et de dix à quinze centimètres de diamètre sur le côté de laquelle se trouve une ouverture, ressemblant au goulot d'une bouteille : Il est impossible de confondre ce nid avec celui d'aucun autre oiseau.

C'est sans doute la construction singulière de ce nid qui lui a fait attribuer par certains peuples des propriétés merveilleuses.

Les Mongols prétendent guérir les fièvres intermittentes, en faisant respirer la fumée que dégage un morceau de ces nids que l'on brûle.

Ramolli dans l'eau chaude, il guérit les rhumatismes, si l'on a soin de l'appliquer sur la partie douloureuse.

Et les hommes osent se moquer des petits oiseaux qui se laissent prendre à la pipée!...

Plus d'une fois, j'ai retrouvé les traces de la présence de la *pie-grièche écorcheur*, ce redoutable ennemi des petits oiseaux.

L'écorcheur se nourrit principalement d'insectes, de coléoptères, de sauterelles, de papillons, de chenilles ; mais il détruit tant de petits oiseaux que l'homme ne le supporte guère dans son voisinage. Là où s'est établie une paire d'écorcheurs disparaissent rapidement tous les petits volatiles.

Lorsque l'écorcheur est rassasié, il amasse des provisions qu'il mange dès que la faim se fait sentir ; il embroche sa proie aux longues épines des buissons ; et rien n'est triste comme de voir les oisillons se tordre longtemps, dans les convulsions de l'agonie. J'ai souvent trouvé piqués de la sorte, avec des insectes et des

grenouilles, des fauvettes et de jeunes hirondelles.

Plus agréable que l'écorcheur est cet oiseau
gai, vif et agile, qui chante avec ardeur. Un
peu sauvage de sa nature, le *pétrocincle* fuit
la société de l'homme; mais l'homme le recherche, parce qu'il chante agréablement, et
qu'il est facile à instruire et à nourrir.

Ces qualités font que le pétrocincle devient
souvent prisonnier. En Italie, à Malte, en Grèce,
on le tient en haute estime comme oiseau d'appartements.

Très prudent, cet oiseau passe rarement
toute la journée dans un même endroit; il
rôde tout le jour dans son domaine et ne se
pose que pour quelques instants; il court et
sautille lestement sur le sol, vole rapidement
et avec facilité, plane et décrit des cercles
avant de se poser.

Les rochers les plus dénudés, les ravins les
plus rocailleux où ne poussent que quelques
rares buissons épars sont les endroits qui lui
plaisent le mieux.

La voix du pétrocincle est très agréable et
rappelle le son de la flûte; elle est forte, sans
être trop bruyante, et il la fait entendre toute
l'année. Doué d'un très grand talent d'imitation, on peut, à juste titre, lui donner le
surnom d'oiseau moqueur. Il imite le merle,
le loriot, le pinson, le rouge-gorge, la fau-

vette, le rossignol, la caille, la perdrix, le cri du coq.

Au temps de la nidification, le mâle chante avec la plus grande ardeur : Il danse, le corps droit, les ailes et la queue frottant contre le sol, les plumes du dos hérissées, la tête rejetée en arrière, le bec largement ouvert, les yeux à demi-fermés.

Malgré les persécutions insensées dont elle a été l'objet, j'ai encore, çà et là, rencontré en Grèce, la *cigogne blanche*. Nous sommes loin du temps où le meurtre d'un de ces oiseaux était puni, par les anciens, de la manière la plus terrible ; et ces mêmes Grecs qui la considéraient comme le symbole de la reconnaissance et de la piété filiale, ont été les plus ardents à la détruire.

« Partout, dit un auteur, où la domination turque s'est prolongée, où la révolution grecque n'a pas tout nivelé, les cigognes demeurent en possession de leurs palais ; c'est ce qui arrive, par exemple, dans l'île d'Eubée. Mais là où, dès les premiers jours de la révolution, s'est établi l'hellénisme, là aussi, les cigognes ont disparu ; il n'en existe plus à Nauplie, à Patras, à Syra, à Athènes. »

La cigogne blanche, que l'on pourrait appeler *cigogne domestique*, doit son nom à la teinte générale de son plumage ; les pennes de ses ailes sont noires ; son bec et ses pieds sont rouges ; elle est haute de plus d'un mètre ; les plumes de la partie inférieure du cou sont longues, pendantes et pointues.

Cet oiseau, essentiellement migrateur, et destiné à parcourir de grandes distances, est parfaitement organisé pour le vol : dans l'air, il porte la tête roide, en avant, et ses pattes étendues en arrière, lui servent de gouvernail.

La cigogne blanche est l'espèce la plus répandue, mais elle est surtout commune en Allemagne et en Hollande.

Les cigognes poussent leurs excursions jusque dans l'intérieur de l'Afrique centrale, où elles hivernent et reviennent au printemps en Europe. Il est curieux d'assister à l'arrivée de ces oiseaux : On voit le couple qui a habité une maison les années précédentes, descendre tout à coup d'une hauteur prodigieuse, en décrivant des spirales, se poser sur le haut du toit, et se montrer immédiatement aussi familier avec les lieux que s'il ne les avait jamais abandonnés. En cela, elles se montrent comme nous, fidèles et reconnaissantes de l'hospitalité bienveillante qui leur a été accordée.

Leur nourriture est essentiellement animale : elles mangent des mollusques, des insectes de toutes sortes, des reptiles, des poissons, de petits mammifères.

« Avant de saisir une grande couleuvre, la cigogne la frappe à coups de bec, de façon à l'étourdir ; elle l'avale ensuite, la tête ou la queue la première, avant même qu'elle soit morte ; aussi le serpent s'entortille-t-il souvent autour de son bec, ce qui la force à le rejeter par un violent mouvement de tête, ou de le retirer avec sa patte pour l'avaler de nou veau. Quand elle a très faim, elle avale souvent de petits serpents, sans les avoir préalablement frappés ; ceux-ci s'agitent longtemps encore dans son œsophage, et s'échappent souvent quand elle baisse la tête pour prendre une nouvelle proie ; aussi, quand plusieurs serpents se trouvent devant elle, la chasse qu'elle leur fait est fort divertissante. Elle aime beaucoup les vipères, seulement, avant de les avaler, elle les assomme en les frappant vigoureusement et à coups redoublés sur la tête. Si le serpent venimeux la mord, elle souffre quelques jours, mais elle se remet bientôt. » (1)

Les mouvements de la cigogne sont lents, ses pas grands et mesurés ; elle court rarement, porte le pied en avant en même temps que la jambe. Cette sorte de marche est due à un genre d'articulation particulière auquel la cigogne doit aussi la faculté de dormir sur

(1) Lenz.

une seule patte, en tenant l'autre fléchie et souvent suspendue à angle droit.

Elle vole avec une facilité incroyable ; elle s'élance de terre en deux ou trois bonds et s'élève en décrivant des spires qui vont toujours en s'élargissant.

Quand elle est irritée, elle renverse la tête en arrière, et fait entendre une sorte de claquement en frappant ses mandibules l'une contre l'autre.

Son nid présente un diamètre, variable de soixante centimètres à un mètre ; elle le construit assez négligemment avec des branchages, des roseaux, du gazon, de l'herbe, des poils et des plumes ; il est légèrement aplati ; et souvent, il est bordé de nids d'hirondelles ou de moineaux.

Elle le bâtit sur les grands bâtiments, sur des granges, des chaumières, ou sur des arbres élevés.

V

En Asie

Grands souvenirs. — Les Dardanelles. — La mer de Marmara. — Constantinople. — L'Asie Mineure. — Une caravane. — Smyrne. — Entre les montagnes et la mer. — Des milliers d'oiseaux. — Vision splendide. — Les flammants roses. — Un aigle. — Postures singulières. — A cheval sur un nid. — Des oiseaux prudents. — La chasse aux flammants. — La Syrie. — Ruines grandioses. — Contrées pittoresques.

C'est sans fatigues, en butinant des insectes, en passant d'île en île, en jouant sur les flots bleus, que nous traversons l'Archipel et que nous arrivons en Asie.

Je n'ai pas voulu recommencer mon voyage autour de l'Afrique, et l'instinct qui m'a poussée vers l'est me permettra de vous faire connaître de nouveaux pays.

Nous planons au-dessus d'un sol fertile en grands souvenirs, qu'enveloppe aujourd'hui une obscurité profonde : « Les troupeaux bondissent également sur le tombeau d'Achille et sur celui d'Hector; les trônes des Mithridate et des Antiochus ont disparu comme les palais de Priam et de Crésus; les marchands de Smyrne ne se demandent guère si ce fut dans leurs murs que naquit Hector. »

Il n'appartient pas à un pauvre petit oiseau

d'évoquer ces grands noms : J'ai devant moi
l'espace, des plaines verdoyantes, des eaux
limpides, des insectes, la liberté sous le ciel
bleu ; que pourrais-je envier au passé ?...

Voici les Dardanelles, la mer de Marmara ;
et plus loin le Bosphore, cette petite mer res-
serrée qui s'ouvre devant nous avec l'aspect
d'une rivière splendide bordée de villages,
de châteaux, de palais, de maisons de plai-
sance.

Un coup d'aile nous transporte de Scutari à
Constantinople, d'Asie en Europe ; nous ra-
sons le golfe de la Corne-d'Or, et après nous
être reposées sur les épaisses murailles, et
sur les hautes tours de la capitale de l'empire
turc, un autre coup d'aile nous ramène d'Europe en Asie.

Le climat de l'Asie Mineure est délicieux ;
il y règne une température douce et pure
qu'on ne retrouve guère ailleurs ; les hautes
chaînes de montagnes qui couvrent le pays
contribuent à modérer la chaleur de l'été, tandis que le voisinage de trois mers adoucit
l'intensité du froid pendant l'hiver.

Au pied du mont Olympe, dont les cimes
sont couvertes de neige, s'étend la cité de
Brousse, qui fut, avant Constantinople, la capitale de l'empire ottoman. La ville occupe
une éminence qui domine une plaine fertile ;
et du haut du château fort et des mosquées, la

vue s'étend au loin sur un merveilleux paysage.

Çà et là des lacs salés, sans écoulement, miroitent sur les plateaux ; partout les hauteurs sont couronnées de cèdres, tandis que les bords de la mer se couvrent de forêts entières de lauriers-roses et de myrtes.

Nous franchissons la montagne pour voler vers le Sud : Au-dessous de nous, s'étend dans la plaine, comme un long serpent, une caravane qui marche dans la direction de Smyrne : Des chameaux, des chevaux et des ânes marchent à la file. Leurs propriétaires vont chercher à Smyrne des poils de chèvre et de chameau, des toiles de coton, des mousselines brodées d'or et d'argent, des maroquins, des laines, de l'ambre, du musc, des perles, des diamants.

Smyrne, la reine des villes de l'Anatolie, dix fois détruite par les incendies et les tremblements de terre, s'est dix fois relevée avec une gloire nouvelle : la vieille cité aux rues sales et étroites a fait place à la cité moderne, percée de rues larges et spacieuses ; toutes les nations commerçantes de l'Europe y sont représentées : Sa situation centrale, la sûreté de son port y attirent un concours prodigieux de trafiquants qui s'y rendent soit par mer, soit par caravanes.

Nous avions quitté Smyrne et nous dirigions

notre vol entre les montagnes et la mer, lorsqu'un matin, nous aperçûmes sur les lacs des milliers d'oiseaux : il y avait là des représentants de toutes les espèces aquatiques.

Devant nous se déroulait une plaine immense ; et, sur ce fond infini, vert et bleu, se détachaient des formes superbement variées de blanc, de jaune, de gris, de noir : les aigrettes, les hérons pourpres, les hérons cendrés, les bihoreaux, les spatules, les ibis, les cormorans, les sternes, les mouettes, les oies, les canards, les pélicans se livraient à de joyeux ébats, et le concert le plus discordant, le vacarme le plus bizarre s'élevaient de toutes parts autour de ces grandes nappes d'eau.

De temps en temps le tapage et les vociférations redoublaient quand un milan s'abattait sur ces nuées d'oiseaux, ce qui n'empêchait pas le rapace de s'enlever tranquillement emportant une proie dans chacune de ses serres, malgré la poursuite et les cris de quelques hérons.

Tout à coup, notre attention fut attirée par une longue ligne de feu, d'un éclat superbe et indescriptible. Les rayons du soleil se jouaient sur le plumage blanc et rose des *phénicoptères*. Effrayée par quelque apparition fortuite, toute la bande s'envola, et, après un instant de tumulte, ces roses vivantes se groupèrent en une longue masse triangulaire et flamboyante, qui glissait sur l'azur du ciel. C'était un spectacle enchanteur. Peu à peu, les oiseaux s'abattirent, et se mirent de nouveau en ligne ; on aurait cru avoir devant soi un corps de troupes nombreuses. » (1)

C'étaient, en effet, des phénicoptères ou *flammants-roses* qui venaient de s'envoler. Au moment de leur fuite, un bruissement s'était fait entendre ; et en un instant le silence le plus profond s'était établi parmi les légions tapageuses des oiseaux du lac : C'est que le roi des airs, un aigle majestueux, planait au-dessus du marécage, et sa présence avait terrifié les plus braves.

Peut-être les flammants eussent-ils aussi mieux fait de garder l'immobilité : Leur départ éveilla l'attention de l'aigle qui, s'élevant au-dessus de leur troupe se laissa tomber avec la rapidité d'une flèche sur une innocente victime. Le flammant arriva jusqu'à terre en tourbillonnant, toujours maintenu dans les serres du redoutable adversaire, qui bientôt reprit son essor avec son fardeau.

Nous pouvions, en toute sécurité, suivre les évolutions des oiseaux du lac ; les proies étaient si nombreuses et si faciles à capturer

(1) Brehm.

qu'il n'était pas à craindre qu'un rapace songeât à s'attaquer à une maigre hiron-delle.

Le phénicoptère rose, ou flammant rose, comme on le nomme plus fréquemment, a le plumage blanc, nuancé de rose ; le dessus des ailes est rouge carmin ; les grandes plumes sont noires ; l'œil est noir, entouré d'un cercle rouge ; le bec est rose à la base, noir à la pointe, et les longues pattes sont rouge-carmin. Ces oiseaux préfèrent à toute autre localité les lacs salés ou saumâtres, voisin de la mer.

Il est facile, quand on connaît ces magnifiques oiseaux, de comprendre l'enthousiasme de ceux qui les ont rencontrés réunis par milliers.

« Quand le matin, dit Cetti, on regarde dans la direction des lacs, on croit les voir entourés d'une digue de briques rouges, ou bien l'on croit apercevoir une grande quantité de feuilles rouges, flottant à la surface de l'eau. Ce sont les phénicoptères, qui se tiennent là en rangs, et dont les ailes roses produisent cette illusion. L'aurore ne se pare pas de plus vives couleurs ; les roses de Pestum n'étaient pas plus brillantes que ne l'est cet oiseau avec ses teintes d'un rose ardent, ses teintes d'une rose rouge nouvellement épanouie. Les Grecs ont tiré le nom du phénicoptère de la couleur de ses ailes ; les Romains ont accepté ce nom, et les Français n'ont fait que suivre le même ordre d'idées en lui imposant le nom de flambant ou flammant. »

Ces oiseaux, craignant d'être surpris, ne pêchent que dans les eaux découvertes d'où ils peuvent surveiller l'horizon à de grandes distances ; il est rare qu'ils s'approchent des fourrés de roseaux où l'ennemi peut se tenir caché ; il n'est pas facile de les approcher, et les hommes ont rarement l'occasion de les observer de près. Malgré ces précautions, il y a toujours parmi eux quelques victimes.

Ils prennent les postures les plus singulières ; on les voit raccourcir leur long cou de serpent, qui paraît noué et qu'ils appliquent contre leur poitrine ; ils renversent leur tête sur le dos et la cache sous les plumes. Au repos, une des pattes porte seule le poids de tout le corps ; l'autre est étendue en arrière ou fléchie contre le ventre ; c'est ainsi qu'ils dorment ; d'autres fois, leur cou est recourbé en S, et leur tête s'appuie entre les deux épaules.

Ce qui n'est pas moins curieux, c'est la façon dont cet oiseau, si haut perché sur ses jambes, couve ses œufs : Il rassemble avec ses pattes la vase, les herbes, le sable, et il en construit une éminence en forme de cône tronqué dont l'extrémité supérieure est creusée comme une cuvette. C'est à cheval sur ce monticule, et sans se fatiguer par une posture incommode, qu'il se place sur son nid et conduit à bien le laborieux travail de la couvée.

Les Arabes ont une manière bien simple de chasser ces oiseaux si prudents et si craintifs. Ils étendent un filet de pêche entre deux canots, et se dirigent vers une bande de flammants. Effrayés, les oiseaux s'envolent, s'empêtrent dans les filets et deviennent facilement la proie des chasseurs.

Voici un autre genre de chasse qui serait, dit-on, familier aux pêcheurs égyptiens :

Après s'être assurés qu'une troupe de phénicoptères se rend chaque nuit au même lieu de repos, les chasseurs s'en approchent avec un radeau ; ils cherchent à découvrir la sentinelle qui, le cou levé, explore les environs, pendant que les autres oiseaux dorment, la tête sous l'aile.

Un pêcheur expérimenté se glisse doucement vers elle, en nageant et en rampant, masqué par un paquet d'herbe qu'il pousse devant lui ; quand il est à portée de l'oiseau, il le saisit rapidement, lui plonge la tête dans l'eau et le tue en lui tordant le cou. Ses compagnons prennent d'autres flammants et les tuent en employant le même procédé.

Je n'ai jamais vu cette chasse ; et j ai peine à croire que des oiseaux aussi prudents, aussi vigilants se laissent ainsi surprendre pendant leur sommeil.

Toujours suivant le rivage de la Méditerranée et laissant à notre gauche les sommets du Taurus, nous traversons la Caramanie et la Cilicie et nous arrivons aux confins de la Syrie.

La chaîne de montagne propre à la Syrie commence à l'énorme mont Cassius qui élève dans les airs sa pointe aiguë ceinte de sombres forêts; elle suit, sous divers noms, la direction des rivages de la Méditerranée; dans le pittoresque chaos qui la compose, on croit reconnaître à chaque instant des ruines colossales de tours et de châteaux.

Remontant le cours de l'Oronte, nous franchissons le Liban et reprenons, de l'autre côté de la montagne, le cours du Jourdain, qui nous conduit jusqu'à la Mer-Morte.

Le climat de la Syrie offre des variations telles, qu'il serait facile, dans un espace de moins de vingt lieues, de rapprocher les richesses végétales de presque toutes les contrées du globe : Le froment et le seigle, l'orge et les fèves, le coton et la canne à sucre, le riz et l'indigo, le tabac et le mûrier blanc, le raisin et la pêche, les oranges, les bananes, les dattes, les figues, les pommes, les poires et les prunes croissent et mûrissent dans le pays.

Que de souvenirs curieux à évoquer sur cette terre ! Que d'observations intéressantes à relater !

Alep est la ville la plus remarquable de la Turquie d'Asie par sa grandeur et sa richesse ; partout le sombre feuillage des cyprès contraste avec l'éblouissante blancheur des minarets ; partout la vigne et l'olivier produisent d'abondantes récoltes ; malheureusement de nombreux pillards arabes et turcomans enlèvent souvent au laborieux cultivateur le fruit de ses peines et de ses labeurs. A chaque instant, de grandes caravanes de Bagdad et de Bassora apportent à Alep les productions de la Perse et de l'Inde, et retournent chargées du produit de ses manufactures.

J'ai voulu visiter Alexandrette dont le climat mortel aux Européens ne peut absolument rien sur la santé d'une faible hirondelle. J'avais entendu vanter les pigeons qu'on y élève ; ces gracieux messagers chargés souvent de porter de promptes et graves nouvelles s'acquittent de leur tâche avec tant de célérité qu'ils sont célèbres dans tout l'Orient.

Bien loin, au sud-est d'Alep, on aperçoit tout à coup, dans une oasis qui semble surgir au milieu du désert, les ruines magnifiques et imposantes de Palmyre, dont on attribue la fondation à Salomon : des arcs, des voûtes, des temples et des portiques, des colonnades

immenses, de superbes tombeaux disent élo-
quemment la splendeur passée de la célèbre
Tadmor ! Frôlant de nos ailes des péristyles,
des entre-colonnements, des entablements
dont la richesse des matériaux rivalise avec
l'élégance de la forme, nous nous reposons
avec des cris d'orgueil sur les restes du temple du soleil !...

« Palmyre voit au fond de sa triste vallée,
Que borne à l'Orient l'âpreté des déserts,
Le sommet d'une tour s'élever dans les airs.
Des vierges, l'urne en main, le front mélancolique,
Montrent sur trois côtés leur forme emblématique,
Sous une épaisse voûte, asile de la nuit,
Se cachent les degrés de ce pieux réduit,
Dont la façade ouverte, au sein du marbre, étale
Odénat, (1) revêtu de la pompe royale.
Ses aïeux, qu'anima le fidèle ciseau,
Veillent toujours en pleurs dans le même tombeau.
Des pilastres, plus bas, l'intervalle recèle
Le trésor embaumé de leur chair immortelle ;
L'albâtre le renferme. Il présente d'abord
Et les traits et le nom, et les hauts faits du mort.
Art pieux, que du Nil fit naître la contrée,
Un vil débris te doit l'immortelle durée,
Et, trompant de la mort l'irrévocable loi,
L'homme semble revivre et s'animer par toi.
Les esclaves du Prince, après sa dernière heure,
Peupleront le sommet de sa vaste demeure;
La verdure, les fleurs, et le cristal des eaux
Qui fuit en murmurant sous d'épais arbrisseaux,
Aux pensers douloureux mêlent encore des charmes,
Et sans tarir leur source interrompent les larmes. » (2)

(1) Prince arabe.

(2) Dorion.

Au bord de la mer s'élève Tripoli sur une côte où la chaleur et l'humidité entretiennent une verdure éclatante : Les orangers, les limoniers, les grenadiers forment de riants bosquets au pied des montagnes dont les saillies s'avancent sous les aspects les plus pittoresques.

Un peu plus loin, l'ancienne Byblos, puis Beyrouth, centre du commerce du pays des Druses, où nous passons la nuit sur les ruines de l'élégant palais bâti par le fameux émir Fakr-ed-Din.

Dès le matin, nous prenons notre essor au-dessus des superbes et riches plantations de mûriers et nous laissons bientôt derrière nous Sidon, cette ville mère de toutes les cités phéniciennes. Voilà Tyr, autrefois la reine des mers, le berceau du commerce qui enrichit et civilise. Hélas ! ses palais ont fait place à quelques chétives cabanes, et de misérables pêcheurs s'abritent sous les voûtes des caves où jadis s'entassaient les trésors du monde. Toujours plus au sud, Acre, l'ancienne Ptolémaïs, célèbre dans l'histoire, aujourd'hui bien déchue.

Le mont Liban élève dans les nues ses cimes qu'ombragent encore quelques cèdres et qu'ornent mille plantes rares ; l'œillet, l'amaryllis, les lis mêlent l'éclat de leurs couleurs à la verdure des arbustes rampants ; de toutes parts de profonds ravins sont sillonnés par des torrents dont les eaux jaillissent en bruyantes cascades.

Sur les flancs de la montagne, des murs s'élèvent en terrasse et soutiennent des terres fertiles. Là croissent des vignobles plantés avec art, des champs de blé soigneusement labourés, des bosquets de cotonniers, d'oliviers et de mûriers, qui, jetés de toutes parts sur ces rochers escarpés, rappellent les efforts et l'énergie dont ont dû faire preuve les premiers possesseurs de ce sol.

Enroulées sur leurs supports, les vignes produisent des grappes énormes dont les graines atteignent la grosseur d'une prune. Des chênes grimpent contre les parois des rochers; des tourterelles et des écureuils se blottissent sous l'épaisse feuillée; des perdrix courent dans les sillons; mais là, comme partout, il y a danger pour les faibles, et de temps en temps la serre de l'aigle et la griffe de la panthère viennent immoler quelques victimes.

VI

L'Ours de Syrie

L'ours de Syrie. — Description de l'ours ; ses habitudes ; ses mœurs. — Les ours de la Bible. — Un bon compagnon. — L'ours et les chèvres. — Druses et Maronites. — Damas. — Le Jourdain. — La Galilée. — Jérusalem. — Villes détruites. — La mer morte. — Du sud au nord et du nord au sud. — Le Tigre et l'Euphrate. — La Mésopotamie.

C'est sur les flancs du Makmel, l'un des sommets du Liban, que j'ai rencontré l'*ours de Syrie*. On a, je crois, souvent eu des ours une opinion trop favorable.

« Il n'est point, parmi les carnassiers, d'animal aussi amusant, aussi humoristique, aussi plein d'une aimable bonhomie. L'ours a le caractère franc, ouvert, sans ruse ni fausseté. Sa finesse et son imagination sont assez pauvres. La force lui en tient lieu, et c'est à elle qu'il se fie. Il est capable de faire sortir une vache d'une écurie par le trou qu'il a fait au toit et de traîner un cheval au-delà d'un torrent profond et encaissé. Il cherche à obtenir directement et par la force brutale ce que le renard doit à sa finesse, l'aigle à la rapidité de son vol. Non moins lourd que le loup, il n'est ni aussi vorace et féroce, ni aussi vilain et repoussant ; il ne reste pas longtemps en affût et ne cherche point à se dérober devant le chasseur pour l'attaquer par derrière. Il ne se sert pas tout d'abord de sa puissante mâchoire, capable de déchirer tout ce qui tombe à sa portée, mais il cherche à étouffer la proie entre ses pattes et ses bras vigoureux, et ne la mord qu'en cas de besoin, sans paraître prendre grand plaisir à cette chair qui palpite dégouttante de sang ; ses appétits sont peu carnassiers, et il mange des végétaux, des châtaignes, du lait, des raisins, du maïs et du miel, aussi volontiers que la viande.

» Tout chez l'ours, son poil noir et frisé, son museau obtus, ses petits yeux bruns et bienveillants, sa queue courte, ses larges pattes, une allure calme, a quelque chose de plus noble, de plus sociable que chez le loup, dont la couleur indécise a déjà un cachet de fausseté. L'ours ne touche pas au cadavre de l'homme, il ne mange pas ses semblables, il ne rôde pas la nuit autour des villages pour enlever un enfant, mais il reste dans la forêt, dans la montagne ; tandis que le loup fait souvent, en automne et en hiver, des excursions de quatre-vingts à cent lieues, l'ours ne s'éloigne jamais à plus de vingt à trente lieues de sa caverne.

» Néanmoins, on se fait une fausse idée de la bonté et de la pesanteur de ce noir habitant de nos bois. Malgré son air lourd, il court assez vite, sur un terrain plat, pour atteindre facilement un homme à la course, et il grimpe avec beauccup d'agilité sur les arbres. En février, la plante de ses pieds devient tendre, et il court moins bien. De vieux ours très pesants ne grimpent sur les arbres que lentement et avec précaution. Au moment du danger, l'ours n'est plus le même et devient furieux et terrible. Un chasseur expérimenté ne tirera jamais un petit lorsque la mère est dans le voisinage; elle le poursuivrait avec des cris horribles et le mettrait en pièces. Lorsqu'il est blessé, l'ours n'est pas moins dangereux. Il ne lâche presque jamais pied, se dresse sur ses pattes de derrière et marche droit sur l'adversaire, même le mieux armé. Il semble le provoquer en duel, l'enserre entre ses pattes, et si, dans ce moment suprême, il ne reçoit pas un coup de poignard au cœur, il enfonce ses griffes dans les chairs de son ennemi et lutte jusqu'à ce que l'un des deux tombe à terre.

Les ours des monts Karpathes se font remarquer par l'opiniâtreté extraordinaire avec laquelle ils poursuivent le chasseur qui les a blessés. Jour et nuit, de forêt en forêt, de rocher en rocher, à travers les ruisseaux, ils suivent sa piste, ils le guettent des heures entières, le cherchent dans des grottes, dans des cachettes, et la mort seule leur fait abandonner leur poursuite. » (1)

Cette description peut s'appliquer à l'ours de Syrie ; mais il faut faire quelques restrictions en ce qui concerne la douceur et l'amabilité du farouche carnassier. D'aucuns prétendent qu'il est sot, indifférent, paresseux, et qu'il n'est courageux que lorsque, poussé à bout, il ne peut faire autrement.

L'ours de Syrie n'est peut-être qu'une simple variété de l'ours brun d'Europe ; cependant, sa couleur diffère et varie du gris cendré au brun fauve ; il n'habite point les forêts et se tient de préférence dans la zone gazonnée qui borde la région des neiges. Très féroce, il attaque souvent les hommes et les troupeaux et pénètre dans les jardins où il commet toutes sortes de dégâts.

Les ours du Liban sont les plus anciens de tous ceux dont il est parlé dans l'histoire :

« Deux de ces redoutables animaux, est-il rapporté dans la Bible, se précipitèrent sur une troupe d'enfants qui prodiguaient des outrages au prophète Élisée et en dévorèrent quarante. »

L'imagination orientale a peut-être grossi le chiffre des victimes.

Toujours est-il que ces ours étaient de

(1) Tschudi.

moins bonne composition que celui dont parle Atkinson :

« Deux enfants de quatre à six ans, dit-il, s'étaient éloignés de la maison de leurs parents qui, au bout de quelque temps, s'aperçurent de leur disparition. On les chercha partout, mais vainement dans le village ; et l'on continua les recherches dans les tourbières du voisinage où descendaient souvent des ours. Quelles ne furent pas la stupéfaction et l'épouvante des parents en retrouvant les deux pauvres innocents jouant avec un ours. L'un d'eux lui donnait à manger pendant que l'autre était monté sur son dos ; et l'ours répondait par les caresses les plus amicales à la confiance enfantine de ses petits compagnons de jeu.

» Au comble de l'effroi, les parents poussaient des cris qui mirent en fuite le camarade velu de leurs enfants. Les pauvres petits ne comprenaient ni le danger qu'ils avaient couru, ni l'inquiétude du père et de la mère..... »

Mais je deviens une petite hirondelle bavarde, et je m'aperçois que je ne vous ai pas encore dit comment j'ai fait connaissance de l'ours de Syrie. Ce jour-là, le carnassier, sans doute affamé, n'a pas fait preuve de son aimable bonhomie.

Des chèvres paissaient sur les rochers, à

quelque distance d'un village caché par des arbres verts. Averties, sans doute par leur instinct, du voisinage de la formidable bête, elles paraissaient inquiètes, agitées, et, depuis un moment, elles étaient prêtes à s'enfuir.

L'ours avait habilement choisi un poste d'où il lui était facile d'observer le troupeau et de s'élancer au moment favorable. Un grognement de l'animal jeta la terreur parmi les chèvres qui partirent dans toutes les directions en bondissant et en bêlant, cherchant un refuge sur les pointes des rochers. L'une d'elles passa trop près de l'embuscade de l'ours, qui se dressa sur ses pieds de derrière, se précipita sur sa victime qu'il étouffa dans un puissant embrassement. J'entendis ensuite un bruit de branches brisées, de pierres qui roulaient sur la pente des précipices et je n'aperçus plus rien.

Dans ces asiles presque inaccessibles de la chaîne du Liban, vivent deux peuples différents de religion et de mœurs, mais ayant les mêmes idées d'indépendance et ne voulant accepter aucun joug. Les Maronites et les Druses sont presque toujours en lutte.

Les Maronites vivent dans des villages et des hameaux ; ils considèrent comme leur chef-lieu le couvent de Kanobin, où réside leur patriarche. Ils ont en grande vénération une forêt de cèdres, qu'on prétend avoir fourni des matériaux au temple de Salomon ; mais il ne reste plus qu'une vingtaine de ces gros cèdres, et cette race antique semble s'éteindre.

Les Druses habitent plus au Sud : la résidence de leur émir est un gros bourg appelé Deir-el-Kamar, c'est-à-dire maison de la Lune.

Au pied oriental du Liban, de nombreux ruisseaux baignent la fertile prairie où s'élève l'antique ville de Damas, dont les environs toujours frais, toujours bien arrosés, présentent, en toute saison, une verdure agréable, des jardins délicieux et de ravissantes maisons de campagne.

Le Jourdain, dans la partie supérieure de son cours, arrose la fertile Galilée. La ville de Japhet, l'ancienne Béthulie, occupe une montagne au pied de laquelle s'étendent de toutes parts des bosquets de myrtes.

Le pittoresque bassin du lac de Génézareth ou mer de Galilée, est couronné de dattiers, d'orangers, d'indigotiers ; mais aucune barque de pêcheur ne poursuit les innombrables poissons qui se jouent dans ses eaux.

Voici Nazareth, où résida le Sauveur du monde, et un peu au sud le Mont-Thabor, couvert d'oliviers et de sycomores qui forment une énorme pyramide de verdure ; de son sommet, la vue plonge sur le Jourdain, le lac de Tibériade et la Méditerranée.

La Galilée serait un véritable paradis terrestre si les habitants étaient plus laborieux, et s'ils savaient mieux tirer parti des richesses naturelles répandues autour d'eux. La vigne y acquiert des proportions considérables ; on y rencontre des ceps de vigne qui ont plus de cinquante centimètres de diamètre et dont les pampres forment de vastes salles de verdure.

Ici nous volons au-dessus des restes de Césarée, et un peu plus loin, nous franchissons le Carmel, sur lequel le prophète Élie donna les preuves de sa mission divine.

Voici le port de Jaffa, où débarquent les pèlerins qui se rendent à Jérusalem, et devant nous, à l'extrémité de la Syrie, se dresse la ville sainte !

« En s'approchant du centre de la Judée, les flancs des monts s'élargissent et prennent à la fois un air plus grand et plus stérile ; peu à peu la végétation se retire et meurt, les mousses même disparaissent, une teinte rouge et ardente succède à la pâleur des rochers...

» Au centre de ces montagnes, se trouve un bassin aride, fermé de toutes parts par des sommets jaunes et rocailleux ; ces sommets ne s'entr'ouvrent qu'au levant pour laisser voir le gouffre de la mer Morte et les montagnes lointaines de l'Arabie. Au milieu de ce paysage de pierres, dans l'enceinte d'un mur jadis ébranlé par les coups du bélier, on aperçoit de vastes débris ; des cyprès épars, des buissons d'aloès et de nopal, quelques masures arabes, pareilles à des sépulcres blanchis, recouvrent cet amas de ruines : C'est la triste Jérusalem ! »

Nous nous reposons sur le faîte de la mosquée, bâtie sur l'emplacement du temple de Salomon, et nous pouvons contempler la ville témoin du martyre et de la mort du plus grand ami de l'humanité !

Voici Bethléem où naquit Jésus-Christ et la magnifique église qui recouvre la crèche ; puis c'est Hébron et Jéricho, que Moïse appela la Cité des Palmiers, et qui, aujourd'hui encore, justifie si bien ce nom.

A l'orient de la Judée, des montagnes arides enferment, entre leurs murailles tristes et tourmentées, un long bassin creusé dans l'argile, le bitume et le sel gemme. Les eaux de la Mer Morte recouvrent cet enfoncement ; l'asphalte nage à leur surface. Aucun poisson ne vit dans ce lac maudit ; une vapeur malsaine s'en élève ; les échos de ses rives, affreusement stériles, ne répètent le chant d'aucun oiseau.

Jadis, paraît-il, existait là une fertile vallée suspendue au-dessus d'un amas d'eaux souterraines et de couches épaisses de bitume. Le feu du ciel alluma l'incendie ; les terres s'écroulèrent dans l'abîme : Sodome, Gomorrhe et d'autres villes florissantes disparurent dans le cataclysme.

Avant de m'éloigner, sans doute pour toujours, je ne puis m'empêcher de penser que mon vol capricieux pourrait me reporter rapidement dans cette vallée du Nil que' j'explorais l'an passé, et qu'il ne tient qu'à moi de reprendre la route de l'Afrique qui n'est plus l'inconnu ! Ma destinée en décide autrement, et, revenant en quelque sorte en arrière, nous remontons à tire-d'aile vers les montagnes d'où descendent le Tigre et l'Euphrate.

Peu de régions du globe, nous l'avons déjà constaté, offrent des contrastes aussi frappants que la contrée que nous visitons. Des chaleurs torrides et des neiges éternelles ; des forêts de chênes et de sapins touchent à des forêts de palmiers et de citronniers ; les rugissements du lion de l'Arabie répondent aux hurlements de l'ours du Taurus !

Reprenant notre route vers le Sud, nous voyons se déployer devant nous, jusqu'aux bords du golfe Persique, une immense plaine où l'œil fatigué saisit à peine quelques légères ondulations de terrain. Dans une haute antiquité, une partie de ces plaines était couverte de lacs, maintenant desséchés ; et, aujourd'hui encore, beaucoup de légères dépressions du sol sont inondées à la moindre crue des rivières.

A mesure que le Tigre et l'Euphrate se rapprochent, le terrain perd de son élévation ; des marais et des prairies en occupent toute l'étendue ; enfin, la réunion s'opère, et les deux fleuves qui n'en forment plus qu'un, portent le nom unique de Shot-el-Arab, c'est-à-dire le fleuve de l'Arabie.

Des bancs de sable, amassés par le fleuve, en rendent la navigation dangereuse ; et la marée, qui remonte au-delà de Bassora, refoule avec violence les eaux du golfe Persique et les soulève en vagues écumantes.

La Mésopotamie est un pays de montagnes de médiocre élévation, bien arrosées et entrecoupées de vallons agréables. Des forêts s'élèvent aux bords du Tigre ; les rivages de l'Euphrate se couronnent de lilas, de jasmins, de vignes, d'oliviers et d'un grand nombre d'autres arbres fruitiers.

Bagdad, cet ancien théâtre de toutes les fables merveilleuses, de toutes les fictions orientales, est encore une grande et belle ville défendue par une forte et haute muraille qui ne peut rien contre les indiscrétions d'une hirondelle ; et, tout près du golfe, Bassora est le rendez-vous des peuples de l'Europe et de l'Asie.

C'est le point de départ du plus grand nombre des riches caravanes qui se rendent dans les principales villes de la Turquie.

VII

En Perse. — Outarde, Faucon et Autour

La Perse. — Produits. — La grande outarde; ses habitudes. — Gibier difficile à saisir. — La chasse au faucon. — Les chasses du grand Khan. — Les faucons du roi de Perse. — Chasses modernes. — L'autour; ses chasses · sa voracité; son courage; ses victimes.

Laissant à l'Ouest le golfe Persique, nous franchissons la ligne de montagnes qui fait à la Perse une sorte de ceinture et nous nous trouvons sur le plateau élevé qui forme cette contrée. D'immenses steppes, peu de terres propres à l'agriculture caractérisent la Perse, dont l'histoire a présenté dans tous les temps les particularités les plus remarquables.

A peine la vingtième partie du territoire est mise en culture. Dans le Nord, où se trouvent les provinces les mieux arrosées, on récolte des céréales, du froment, de l'orge, du millet, du riz, de l'avoine. Le froment est excellent, mais les habitants préfèrent de beaucoup le riz, qu'ils considèrent comme la nourriture la plus délicieuse.

En voyant, conduites par des bœufs décharnés, les petites charrues qui ne faisaient qu'effleurer la surface du sol, je pensais aux puissants attelages traînés par des animaux vigoureux, que j'avais vus creuser de profonds sillons dans ma tranquille vallée.

Mais les fruits de la Perse sont exquis, et nulle part on n'en trouve de plus beaux : Des melons succulents et salubres atteignent des dimensions extraordinaires. Tous les fruits les plus estimés de la vieille Europe ont été apportés de la Perse : La figue et la grenade, la mûre et l'amande, la pêche et l'abricot sont originaires de cette région, où croissent, dans les parties abritées des montagnes, d'énormes orangers et de magnifiques citronniers.

La vigne y étale toutes les richesses d'une végétation splendide, et les vins de Schiraz, d'Yerd et d'Ispahan peuvent, au dire des hommes, supporter les comparaisons avec les meilleurs du monde. On rencontre dans les forêts des antilopes et des daims, des sangliers et des ours, des léopards, des panthères, des tigres et des lions.

Des lièvres nombreux se cachent dans les vastes plaines incultes ; des bandes d'outardes courent dans les steppes ; les pigeons et les perdrix son très abondants, malgré la guerre incessante que leur font les aigles, les vautours, les faucons et les hommes.

La *grande outarde*, connue sous le nom d'*oie-outarde*, ou *autruche d'Europe*, est un grand et magnifique oiseau, commun dans les vastes plaines de l'Asie centrale : Elle mesure plus d'un mètre de longueur et a près de deux mètres cinquante centimètres d'envergure ; le gris cendré et le jaune roux dominent dans son plumage.

L'outarde barbue s'approche le plus possible des endroits où l'on cultive des céréales ; ce n'est pas un oiseau sédentaire ; elle ne change cependant pas régulièrement de demeure, mais elle veut un domaine très étendu, et se meut sans cesse dans un espace de plusieurs lieues. Elle s'éloigne des lieux habités, car elle sait à quel danger elle s'expose en se plaçant sous les regards de l'homme, et en se mettant à portée de ses atteintes ; elle évite également les grandes forêts où chaque buisson est un obstacle à sa marche. Il lui faut de grands espaces complètement découverts où il devient à peu près impossible de la surprendre.

A peine le jour commence-t-il à paraître, que les outardes s'éveillent ; elles se lèvent, s'étendent, battent des ailes, marchent lentement de côté et d'autre, puis elles s'envolent simultanément, les plus vieilles et les plus lourdes formant l'arrière-garde, et elles gagnent leur lieu de pâture qui est toujours éloigné de celui où elles passent la nuit.

La démarche de l'outarde est grave, lente et mesurée ; quand elle est poursuivie, sa course est si rapide qu'un chien a de la peine à l'atteindre.

Comme la cigogne, elle fait deux ou trois bonds pour prendre son élan avant de s'envoler ; elle s'élève assez facilement dans l'air, glisse rapidement, le cou étendu en avant, les pattes en arrière.

Dans le jeune âge, les outardes vivent d'insectes ; les adultes se nourrissent presque exclusivement de grains et de plantes vertes.

Par sa taille et sa beauté, ce gibier magnifique ne pouvait manquer d'exciter les convoitises de l'homme ; mais il n'est pas facile de l'aborder, et cette chasse offre de nombreuses difficultés.

Toujours sur ses gardes, toujours méfiante, l'outarde ne se laisse pas aisément tromper, et, malgré tous les moyens mis en œuvre, on ne parvient pas souvent à s'en emparer.

En Asie, on la chasse au faucon : On sait que cette sorte de chasse, autrefois en grand honneur en France, parmi les nobles et les princes, n'est plus en usage aujourd'hui. L'art de la fauconnerie, tombé en désuétude en Europe, brille encore d'un vif éclat en Perse et dans l'Inde.

Là, les anciennes traditions se sont conservées en partie ; et nous savons, par un voyageur du treizième siècle, ce qu'étaient, dans le passé, les équipages de chasse de ces fastueux monarques de l'Asie, dont les modernes peuvent à peine soupçonner le luxe.

« Pendant trois mois, décembre, janvier, février, que le grand khan demeure en sa cité d'hiver, tous les seigneurs, dans un rayon de soixante journées de marche, sont tenus de l'approvisionner de sangliers, cerfs, daims, chevreuils et ours. D'ailleurs, Kublaï est lui-même un grand chasseur, et sa vénerie est superbement montée et entretenue. Il a des léopards, des loups-cerviers et de grands lions dressés à prendre le gibier sauvage, des aigles assez forts pour chasser loups, renards, daims, chevreuils, et « qui en prennent assez souvent, » enfin des chiens qui se comptent par milliers. C'est vers le mois de mars que l'empereur commence ses grandes chasses en se dirigeant vers la mer, et il n'est pas accompagné de moins de dix mille fauconniers, de cinq cents gerfauts et d'une innombrable quantité d'autours, de faucons-pèlerins et de faucons sacrés. Pendant cette excursion, un palais portatif, dressé sur quatre éléphants accouplés et revêtu au dehors de peaux de lions et au dedans de drap d'or, suit ce roi tartare qui se complaît à toute cette pompe orientale.

Il avance ainsi jusqu'au camp de Chachiri-Mondou, établi sur un cours d'eau, tributaire de l'Amour, et il dresse sa tente, qui est assez vaste pour contenir dix mille chevaliers ou barons, C'est là son salon de réception ; c'est là qu'il donne ses audiences. Quand il veut se retirer ou se livrer au sommeil, il trouve dans une autre tente une merveilleuse salle tapissée de fourrures d'hermine et de zibeline, dont chaque peau vaut deux mille besants d'or, soit environ vingt mille francs. L'empereur demeure ainsi jusqu'à Pâques, chassant grues, cygnes, lièvres, daims, chevreuils, et il revient alors vers sa capitale de Cambalue. » (1)

Trois cents ans plus tard, un autre voyageur, Tavernier, qui demeura plusieurs années en Perse, s'exprime ainsi :

» Le roi de Perse entretient plus de huit cents faucons, dressés à chasser les uns les sangliers, les ânes sauvages, les antilopes, les renards ; les autres, les grues, les hérons, les oies, les perdrix.

» Pour les dresser à chasser les quadrupèdes, on prend un animal empaillé, on lui met de la viande à la place des yeux et on la fait manger à l'oiseau. Lorsqu'il y est habitué, on met l'animal sur quatre roues, on le tire

(I) Marco Paulo.

et on y fait manger le faucon. On l'attelle ensuite à un cheval, qu'on fait courir aussi rapidement que possible, pendant que le faucon mange. On dresse de la même manière des corbeaux. »

Plus tard encore, un explorateur rapportait qu'en Perse, lorsque le faucon attaquait de grands quadrupèdes, et qu'il s'était cramponné à leur tête, on accourait avec des chiens, à son secours ; et, curieux détails, il ajoutait que, dans les siècles passés, on avait dressé des faucons à se précipiter sur des hommes et à leur crever les yeux !..

Un voyageur moderne parle des chasses au faucon auxquelles il a assisté en Perse.

« On chasse à cheval avec des faucons et des lévriers. Une antilope est-elle levée, elle fuit avec la rapidité du vent. On lâche les faucons et les chiens. Les premiers volent à ras du sol, atteignent l'animal, se penchent sur sa tête ; pendant ce temps, les chiens ont joint le gibier et le maintiennent. On ne lâche pas les faucons sur les vieilles antilopes mâles, car ces oiseaux se blessent facilement aux cornes. »

L'outarde chassée ainsi se défend vigoureusement à coups de bec et à coups d'ailes ; elle force quelquefois le faucon à prendre la fuite ; mais, plus souvent, les efforts réunis des oiseaux de proie, des chiens et des hommes amènent un dénouement fatal. Il me serait difficile de compter toutes les victimes que j'ai vues tomber après une résistance désespérée.

L'art de dresser et de dompter les oiseaux de proie est né en Asie, d'où il est passé en Afrique et de là en Europe, au moment des croisades.

Le rapace le plus généralement employé est le *faucon commun*, appelé encore *faucon voyageur* et *faucon pèlerin*.

Cet oiseau, de la grosseur d'une poule, a environ vingt centimètres d'envergure : Il vole, en rasant la surface des champs, avec une grande rapidité, pour faire lever et pour saisir les oiseaux cachés dans l'herbe et derrière les buissons : C'est peut-être le faucon dont le courage est le plus franc, le plus grand relativement à ses forces ; c'est le même que j'ai déjà vu en Afrique, chasser les jolies gazelles du désert. Il tombe à plomb sur sa victime, la tue, la mange sur place si elle est grosse, ou l'enlève perpendiculairement si son poids n'est pas trop considérable.

Quand il descend des hauteurs, il fond sur sa proie comme s'il tombait des nues ; son apparition est toujours imprévue. Il attaque fréquemment le milan ; mais il le traite comme un lâche, le chasse devant lui, le frappe avec dédain, et ne le met presque jamais à mort

4.

Malgré les qualités qui distinguent le faucon, les peuples de l'Asie et en particulier ceux des Indes lui préfèrent très souvent l'*autour*.

» Le *baz*, comme on l'appelle, est dressé à chasser les outardes, les milans, les vautours, les canards, les hérons, les ibis, etc. A la chasse du lièvre, on garnit les pattes de l'autour de bottines de cuir, pour empêcher qu'il ne se blesse aux épines ; car le lièvre entraîne toujours l'oiseau avec lui pendant quelque temps. Celui-ci ne le tient qu'avec une serre ; de l'autre, il cherche à se cramponner aux branches, aux herbes, aux racines pour l'arrêter. Il vole droit sur sa proie, mais si elle n'est pas à une distance convenable, à cent ou deux cents brasses environ, il abandonne la chasse, revient vers le fauconnier, et se perche sur un arbre voisin, voire même sur le sol. » (1)

L'*autour des palombes*, ou *autour vulgaire*, est un grand rapace de cinquante huit centimètres de longueur et de un mètre quinze d'envergure ; il aime les bois alternant avec les champs et les prairies ; on le rencontre néanmoins plus fréquemment dans les grandes forêts ; il est solitaire, farouche, sauvage, hardi, actif, fort et prudent. Que pourraient opposer

(1) Judon.

à tant de qualités les pauvres hirondelles, si elles étaient une proie assez friande pour être constamment remarquées?..

Son vol est rapide et bruyant, souvent il plane et tient alors sa queue étagée ; ses mouvements sont pleins d'aisance et de sûreté ; mais à terre il est maladroit et n'avance qu'en sautillant. Toujours en chasse, sa vivacité est insatiable, il est toujours affamé et a toujours soif de sang. Il attaque tous les oiseaux, depuis l'outarde et la perdrix, jusqu'à l'hirondelle et le moineau ; il fond sur les lièvres, enlève les belettes et les écureuils. Oiseaux de toutes sortes ou mammifères sont saisis d'effroi à sa vue, mais déjà leur sang coule sous les serres du rapace, avant qu'ils aient songé à fuir ou à se tapir contre le sol.

Même quand il n'est pas dressé, l'autour chasse les vieux lièvres avec méthode ; il s'élance sur eux, leur donne des coups de bec ; après qu'ils sont blessés et épuisés, il finit par les saisir avec ses serres et par les égorger. Souvent la chasse dure longtemps ; j'ai vu un lièvre combattre ainsi avec un autour ; ils se roulaient l'un sur l'autre sans que l'oiseau de proie lâchat prise ; une autre fois, en Europe, j'ai vu un chasseur tuer d'un seul coup de fusil un lièvre et l'autour qui était perché sur lui.

VIII

De brillants oiseaux

*lophophore resplendissant. — L'euplocome à huppe blan-
he. — Les fleuves de l'Inde. — Le paon. — Description.
— L'eudynamis oriental. — Un oiseau ingrat. — Le dichocère bicorne. — Captive dans un nid. — A cinquante
pieds du sol. — Vigoureuse défense. — Ailes impuissantes.*

Nous suivons les frontières mal définies de
l'Afghanistan et du Béloutchistan, nous franchissons les monts Soliman et nous entrons
dans l'Indoustan, dans cette région immense
et toujours mystérieuse de l'Inde, où une na-
ion, une langue, une religion de la plus haute
antiquité restent debout sur les débris des em-
ires qui passent.

Parmi les nombreux oiseaux qui peuplent
les contre-forts des montagnes qui descendent vers l'Afghanistan, je n'ai pu m'empêcher d'admirer un magnifique oiseau qui tient
à la fois de la poule et du faisan.

Le *Lophophore resplendissant* est peut-
être le plus beau de tous les gallinacés. Le
mâle brille d'un éclat si vif, qu'il est difficile
d'en donner une description. Sa tête est surmontée d'un bouquet d'épis d'or avec des
nuances d'un vert métallique qui se conti-

nuent sur la gorge ; la nuque rouge-pourpre ou carmin jette des feux comme le rubis ; le bas du cou et le dos sont d'un vert de bronze à reflets d'or ; le manteau, les grandes couvertures des ailes et de la queue sont d'un vert bleuâtre passant au violet ou au vert ; quelques plumes du bas du dos sont blanches. La partie inférieure du corps, de couleur noire, produit des reflets verts et pourpres au milieu de la poitrine ; les rémiges sont noires ; les rectrices sont brunes ; le bec est couleur de corne, les pattes sont verdâtres ; l'œil brun est entouré d'un cercle bleuâtre.

Je jetai un coup d'œil sur ma modeste livrée, mais, au lieu de me plaindre, je me demandai si les êtres les plus heureux sont ceux qui attirent le plus l'attention, ou qui excitent le plus l'admiration : Ma réponse ne saurait être douteuse, et je remerciai la Providence de m'avoir placée parmi les humbles.

Depuis les premières cimes qui s'élèvent au-dessus de la plaine, jusqu'à la limite des forêts, j'ai partout rencontré le lophophore que les indigènes appellent *monaul*. Cependant, il est assez difficile de le bien observer, tant la végétation luxuriante de ces contrées, l'enchevêtrement inextricable des lianes empêchent les regards de plonger dans l'épaisseur de la forêt. Son cri est un sifflement plaintif que l'on entend retentir à chaque instant, mais particulièrement le soir et le matin, avant le lever du soleil.

Un autre oiseau, l'*euplocome à huppe blanche*, se rencontre dans les mêmes parages ; moins brillant que le monaul, il est cependant fort remarquable : La tête, le cou, le manteau et la queue sont d'un bleu-noir brillant ; les plumes du croupion sont d'un blanc terne avec des ondulations noires en travers ; la huppe est blanche ; la poitrine est bleuâtre.

Moins sauvage que le monaul, l'euplocome s'approche souvent des villages, des chemins ; il fréquente aussi les jungles, et se plaît dans les terrains autrefois cultivés et maintenant abandonnés. Très querelleur, il est souvent en lutte avec ses semblabes : J'ai vu, un jour, un de ces oiseaux tomber sous le coup de fusil d'un chasseur. Pendant qu'il se débattait dans les dernières convulsions de l'agonie, un de ses compagnons sortit du fourré et l'attaqua avec rage, malgré la présence de l'homme.

L'Inde doit en grande partie la fertilité de son sol à la quantité de fleuves, de rivières, de ruisseaux et de torrents qui l'arrosent. On est frappé de l'aspect imposant et grandiose des principaux cours d'eaux. Précipitées d'une hauteur immense, nourries de toutes les neiges de l'Asie centrale, les rivières de l'Inde ressemblent aux plus grands fleuves d'Europe aux endroits même où elles conservent encore la marche impétueuse des torrents. La réunion de ces masses liquides produit un choc épouvantable, un combat des flots contre les flots.

Arrivées dans la plaine, elles se creusent des lits de plusieurs kilomètres de longueur : L'œil du navigateur peut à peine embrasser les deux rives couronnées de palmiers, de temples et de palais. Une brise agréable, qui suit le cours du fleuve, en agite mollement les eaux transparentes ; une force irrésistible, et pourtant insensible, entraîne rapidement les milliers de barques qui animent cette vaste et tranquille surface.

La marée entre facilement dans ces larges canaux, et force quelquefois le fleuve à rétrograder avec rapidité et violence : Alors, une montagne d'eau roulant en arrière, menace les bâteaux et lutte longtemps contre le fleuve qui se couvre d'écume.

Nous suivons maintenant le cours de l'Indus, le fleuve le plus anciennement connu de l'Inde, et c'est non loin de ses bords que j'eus, un jour, une splendide apparition.

J'avais vu, en Europe, des paons mêlés aux autres oiseaux de basse-cour et je les avais admirés ; mais quiconque n'a pas vu le paon en liberté, ne peut se faire une idée de sa magnificence.

« Si l'empire appartenait à la beauté et non à la force, le *paon* serait, sans contredit, le roi des oiseaux ; il n'en est point sur qui la nature a versé ses trésors avec plus de profusion : La taille grande, le port imposant, la démarche fière, la figure noble, les proportions du corps élégantes et sveltes, tout ce qui annonce un être de distinction lui a été donné ; une aigrette mobile et légère, peinte des plus riches couleurs, orne sa tête, et l'élève sans la charger ; son incomparable plumage semble réunir tout ce qui flatte nos yeux dans le coloris tendre et frais des plus belles fleurs, tout ce qui les éblouit dans les reflets pétillants des pierreries, tout ce qui les étonne dans l'éclat majestueux de l'arc-en-ciel : Non seulement la nature a réuni sur le plumage du paon toutes les couleurs du ciel et de la terre, pour en faire le chef-d'œuvre de sa magnificence, elle les a encore mêlées, assorties, nuancées, fondues de son inimitable pinceau, et en fait un tableau unique, où elles tirent de leur mélange avec des nuances plus sombres et de leurs oppositions entre elles, un nouveau lustre, et des effets de lumière si sublimes, que notre art ne peut ni les imiter ni les décrire. »

Tel apparut à mes yeux éblouis le plumage du paon dans les forêts et dans les jungles. C'est surtout perché qu'il se montre dans toute sa splendeur quand sa queue constellée de brillantes étoiles , tantôt à moitié cachée dans les feuilles , tantôt largement étalée , forme à l'arbre un ornement resplendissant.

Il est beau, en effet, ce grand oiseau quand il est excité par l'approche de sa compagne ou les secrètes influences de la saison :

« Ses yeux s'animent et prennent de l'expression, son aigrette s'agite sur sa tête, et annonce l'émotion intérieure ; les longues plumes de sa queue déploient, en se relevant, leurs richesses éblouissantes ; sa tête et son cou, se renversant noblement en arrière, se dessinent avec grâce sur ce front radieux, où la lumière du soleil se joue en mille manières, se perd et se reproduit sans cesse, et semble prendre un nouvel éclat plus doux et plus moelleux, de nouvelles couleurs plus variées et plus harmonieuses ; chaque mouvement de l'oiseau produit des milliers de nuances nouvelles , des gerbes de reflets ondoyants et fugitifs , sans cesse remplacés par d'autres reflets et d'autres nuances toujours diverses et toujours admirables. »

Les paons recherchent de préférence les forêts dont le sol est couvert de buissons épais et de hautes herbes, et où ils trouvent de l'eau en abondance ; volontiers aussi, ils fréquentent les plantations où ils peuvent suffisamment dissimuler leur présence, et où ils ont à leur portée quelques arbres isolés où ils puissent se reposer pendant la nuit.

Dans beaucoup de contrées de l'Inde, le paon est considéré comme un oiseau sacré et inviolable ; le tuer constitue, aux yeux des indigènes, un crime impardonnable ; celui qui s'en rend coupable mérite la mort.

De véritables bandes de ces oiseaux vivent dans le voisinage de certains temples hindous ; ils sont à demi apprivoisés et reçoivent chaque jour une partie de la nourriture de la main des prêtres.

Ils ne tardent pas à se rendre compte de la protection qu'on leur accorde, et ils deviennent aussi familiers que ceux qu'on élève dans les basses-cours.

La chasse des paons ne serait pas difficile, sans la présence des animaux féroces qui habitent presque toujours les lieux où ils se tiennent de préférence.

Voici l'*eudynamis oriental*, vulgairement *coel*, qui a les habitudes et les mœurs de notre coucou d'Europe. Le mâle de l'eudynamis est d'un noir verdâtre brillant ; la femelle est d'un vert foncé.

Cet oiseau habite les jardins, les bosquets, les allées, les forêts peu épaisses ; il se nourrit de fruits et préfère les figues et les bananes. Nullement craintif ; il se tient ordinairement à l'écart, reste silencieux et ne crie que lorsqu'il s'envole.

Son vol n'est pas aussi régulier que celui du coucou ; il en diffère en ce que le coel bat plus fréquemment des ailes.

Vers l'époque qui correspond à notre printemps, l'eudynamis oriental devient bruyant ; on l'entend sans cesse, jusqu'au milieu de la nuit, répéter le cri qui lui a valu son nom : « *Coel ! Coel !* »

La femelle de cet oiseau, presque aussi populaire aux Indes que nous le sommes en Europe, pond ses œufs dans les nids de deux variétés de corneilles. Comme le coucou, le jeune coel est ingrat, et reconnaît l'hospitalité qu'il a reçue, en précipitant du nid ses cohabitants, dont les parents le nourrissent avec sollicitude.

» J'étais dans la vérandah de mon bungalow, dit le major Davidson, quand j'entendis soudain un cri dans un bosquet, et j'accourus, pensant qu'un jeune *anomalocorax* était tombé du nid. A sa place, je trouvai avec étonnement un jeune eudynamis. Je m'approchai et vis ce petit oiseau recevoir la nourriture que lui apportait une corneille ; il tremblait et battait des ailes. Un indigène m'assura que le coel est élevé et soigné par sa mère nourrice jusqu'à ce qu'il soit en état de se suffire à lui-même. »

Non moins curieux est cet oiseau qui ne confie pas à des étrangers le soin d'élever sa famille, mais qui enferme sa femelle dans le nid pour être bien certain qu'elle ne négligera pas les labeurs de la maternité.

Le *dichocère bicorne* est caractérisé par l'appendice, terminé par deux points qui surmontent le bec et recouvrent une grande étendue de la partie antérieure de la tête.

Le noir et le blanc dominent dans le plumage de cet oiseau, qui a plus de un mètre trente centimètres de longueur, y compris la queue, qui a près de cinquante centimètres.

Le dichocère habite les grandes forêts, sur le flanc des montagnes, et plus souvent dans les jungles épaisses où il se montre de temps en temps sur quelque arbre très élevé. Ordinairement, ces oiseaux sont silencieux, et ne font entendre que rarement une sorte de croassement bas, peu sonore ; mais lorsqu'ils sont réunis par troupes, ils poussent des cris perçants, rauques, discordants. La douleur leur arrache un cri réellement incroyable, c'est un gémissement extraordinaire, une plainte étonnante qui, répétée par les échos des bois, ne peut être comparée « qu'au braiement de l'âne. »

Le dichocère bicorne vole en battant souvent des ailes ; il ne plane qu'au moment de se poser sur un arbre ; le bruit de ses ailes s'entend de fort loin.

Il se nourrit à peu près exclusivement de fruits, qu'il recueille sur les arbres ; lorsqu'il en a détaché un, il le lance en l'air, le rattrape et l'avale.

Dès que la femelle a pondu cinq ou six œufs, le mâle l'enferme en mûrant avec de l'argile l'entrée du nid, et ne laissant qu'une petite ouverture par où la captive peut passer le bec ; elle reste ainsi prisonnière tout le temps de l'incubation, et le chef de la famille est activement occupé à leur apporter des fruits.

Un jour, je vis quelques Hindous qui, sous la direction d'un Européen, sans doute un naturaliste, étaient occupés à visiter un nid de dichocère placé dans le creux d'un tronc d'arbre presque droit et dépourvu de branches, à plus de cinquante pieds du sol.

L'entrée en était presque complètement obstruée à l'aide d'une couche épaisse d'argile ; une seule petite ouverture par laquelle la femelle pouvait passer le bec pour recevoir sa nourriture avait été ménagée. Un indigène grimpa avec beaucoup de peine jusqu'au nid et se mit à enlever l'argile ; mais, pendant ce temps le mâle poussait de forts grognements, volait de côté et d'autre en frappant de ses ailes les ennemis qui menaçaient sa famille.

Les indigènes semblaient redouter ses attaques et l'auraient mis à mort si l'Européen ne
les en avait empêchés.

Lorsque l'ouverture fut suffisamment agran-
die, l'homme qui avait grimpé à l'arbre intro-
duisit le bras dans le trou ; mais il reçut un
coup de bec si violent qu'il se retira précipitamment, risquant de tomber par terre.

Ce ne fut qu'après s'être entouré le bras
d'un linge qu'il parvint à s'emparer de la
captive : elle était dans un état affreux, paraissait misérable et pleine de saleté. Lorsqu'elle
fut descendue à terre, elle sauta de côté et
d'autre en menaçant les assistants de son
bec; mais elle avait perdu l'habitude de se
servir de ses ailes et ne put s'envoler. Ses
ailes, par suite de l'immobilité prolongée à
laquelle elle avait été condamnée, semblaient
avoir contracté trop de raideur pour qu'elle
pût les utiliser.

Les jeunes dichocères bicornes croissent si
lentement qu'ils ne sont adultes qu'à quatre
ou cinq ans.

IX

De nouvelles connaissances — Le Guépard

Le martinet alpin. — Des grappes d'oiseaux. — Le klecho ou oiseau-épée. — Un nid curieux. — Un nourrisson en danger. — L'acanthylis épineux. — Le guépard ou léopard de chasse. — En chasse. — Un troupeau surpris. — Un chasseur désappointé. — La chasse d'un prince indien. — Lutte contre un guépard.

Il y a longtemps que je vous ai parlé des hirondelles ou des martinets ; je n'ai cependant pas encore épuisé la liste de toutes les espèces qui existent.

Le *martinet alpin* se rencontre très fréquemment dans les Indes ; je l'ai trouvé dans toutes les montagnes, sur les rochers élevés qui bordent les cours d'eau : une véritable colonie s'était établie au bord de l'Indus, à une hauteur de plus de neuf cents pieds.

Un peu plus grand que le martinet de murailles, le martinet alpin a cinquante-deux centimètres d'envergure. Il est gris-brun foncé avec la gorge et le ventre blanc, et la poitrine traversée par une raie brune.

En Europe, il se montre dans toute la chaîne des Alpes et dans la plupart des montagnes de l'Italie, de la Grèce et de l'Espagne ; il ne vit cependant pas exclusivement dans les hautes régions. En Suisse, il est commun sur les clochers des villes et des villages.

Aussi turbulent, aussi actif que le martinet de murailles, il vole rapidement, crie tout autant et d'une manière non moins désagréable; il s'élève si haut dans les airs qu'il y disparaît complètement aux regards, mais on entend encore son cri qui ressemble assez à celui de la crécerelle.

Ces oiseaux sont remarquables par une habitude qui leur est particulière : On les voit s'arrêter dans leur vol et s'accrocher par les ongles aux blocs de pierre situés dans les environs de leurs nids; aux premiers qui se sont accrochés, d'autres viennent s'attacher, et à ces derniers, d'autres encore, formant ainsi une chaîne oscillante et animée. Un instant après, ils se séparent, volent et recommencent leurs cris accoutumés.

Le martinet alpin est très sociable; il est bien rare qu'une paire soit seule; au contraire, plusieurs couples sont toujours réunis. Ils nichent dans les crevasses des rochers : leur nid est plat; sur la charpente, formée de rameaux grossiers, repose une première couche de paille, puis une seconde couche de feuilles, de chiffons, de morceaux de papier, etc., le tout agglutiné par une masse solide, brillante, qui n'est autre chose que la salive desséchée de l'oiseau, et qui fait paraître le nid comme entièrement recouvert d'un verni mal appliqué, ou plutôt de bave de limace.

Plus petit que l'espèce précédente est le *klecho*, qui habite l'Inde et les îles Fortunées et que les Malais appellent *oiseau épée*.

Caractérisé par un corps élancé, des ailes très longues, une queue très fourchue dont les grandes plumes extérieures dépassent de beaucoup les autres, et par l'allongement, en forme de huppe, des plumes de la tête, cet oiseau a le dos d'un beau vert métallique, les couvertures supérieures de l'aile bleues, les rémiges et les rectrices noirâtres avec les barbes externes bleues, les épaules et le ventre blancs, la gorge et la poitrine gris cendré. L'oreille est marquée d'une tache d'un brun-roux chez le mâle, noir chez la femelle.

Le klecho diffère notablement des autres oiseaux de la même famille, sous le rapport des mœurs et des habitudes ; ils vivent dans les jungles, dans les fourrés, dans les plaines. Tantôt par troupes nombreuses, tantôt réduits à quelques individus seulement, je les voyais se percher sur les arbres secs, dépouillés de leur feuillage, ou fendre l'air d'un vol rapide. Cependant, ils aiment, comme nous, le voisinage des cours d'eau.

La huppe est rabattue au repos ; quand ils volent, ils font entendre un cri perçant qui trahit de loin leur présence, tandis que, lorsqu'ils sont perchés, ils disent une petite chanson qui ressemble un peu à notre gazouillement.

« Cet oiseau construit son nid d'une façon toute particulière. Tandis que les autres espèces nichent le long des rochers ou des murailles, dans des fentes, dans des crevasses, lui, établit son nid sur les branches les plus élevées. Ce nid, par sa forme demi-sphérique, par la manière dont les matériaux sont disposés, ressemble assez à celui de la salangane, dont je vous parlerai plus tard; il est cependant bien plus petit, bien moins profond. Fixé à un petit rameau horizontal qui en forme la paroi postérieure, il ressemble ainsi à une petite coupe, et est à peine suffisant pour recevoir un œuf. Les parois en sont excessivement minces : on dirait une feuille de parchemin. Elles sont formées de plumes, de lichens, d'écorces, le tout lié ensemble par une matière visqueuse, très probablement par de la salive... Le nid est si petit, si fragile, que l'oiseau, ne pouvant s'y poser, se tient sur la branche, et couvre, avec son ventre, le nid et l'œuf unique qui s'y trouve ; celui-ci, de forme ovale très régulière et relativement gros, est d'un bleu azuré qui pâlit lorsqu'il a été vidé. L'oiseau niche deux fois par an, et le même nid sert pour ses deux couvées.

« Cette disproportion apparente entre la

taille de l'oiseau, la grandeur de son nid et celle de son œuf, me rendit curieuse d'observer le jeune. Peu de jours après son éclosion, il ne devait évidemment plus pouvoir se loger dans le nid. En effet, peu de jours après sa naissance, le petit remplissait entièrement son nid ; à ce moment, il le quitta, et prit la posture qu'avait la femelle quand elle couvait, c'est-à-dire qu'il se tint sur la branche, son ventre reposant sur le nid. Dans cet état, ce jeune oiseau deviendrait une proie facile pour tous les rapaces, s'il ne savait, par un artifice, échapper à leurs regards. Il ne quitte pas sa position avant qu'il soit complètement développé ; mais, lorsqu'il aperçoit quelque chose de suspect, il relève le cou, hérisse toutes ses plumes, se penche en avant, de manière à cacher ses pattes ; il reste ainsi complètement immobile, et son plumage marbré de brun et de noir s'harmonise si bien avec la couleur des branches couvertes de lichens blanchâtres qu'il est fort difficile de l'apercevoir. » (1)

On peut couper la branche sur laquelle se trouve le jeune klecho, il ne bouge pas davantage ; et, en cela, il fait absolument le contraire des autres jeunes oiseaux, qui dirigent leurs becs largement ouverts vers tous

(1) D'après Bernstein.

les visiteurs de leurs nids, en même temps qu'ils poussent des cris plaintifs.

J'ai également rencontré, le long des rochers escarpés, des colonies nombreuses de l'*acanthylis épineux*, dont la tige des rectrices dépasse les barbes sous forme d'épines ou de piquants qui lui servent, sans doute, à grimper.

Cet oiseau, un peu plus grand que le martinet alpin, a la tête, la partie supérieure du cou, les ailes, la queue et les flancs d'un noir sombre, à reflets d'un bleu verdâtre ; le dos et les épaules sont d'un brun cendré qui tranche avec le blanc pur du menton, de la poitrine et de la nuque ; le ventre est d'un brun de suie. Facilement reconnaissable par sa taille, la légèreté et la rapidité de ses mouvements, le martinet épineux erre dans le pays, sans direction déterminée ; il m'a semblé qu'il ne restait guère plus de deux ou trois jours dans un même endroit.

Dans la description que j'ai faite des chasses auxquelles se livrait, il y a plusieurs siècles, le grand Khan, il est question de lions et de léopards dressés à prendre le gibier. Le *léopard de chasse*, ou *guépard*, est encore aujourd'hui employé, dans l'Inde, à la capture de l'antilope ; et, planant au-dessus des jungles, j'ai été plusieurs fois témoin de cet émouvant spectacle.

Le guépard tient à la fois du chat et du chien ; il a, du chat, la tête et la longue queue, et du chien, tout le reste du corps ; sa hauteur est de près de soixante-dix centimètres. Il est svelte, élancé ; ses oreilles sont larges, un peu tombantes ; sa fourrure , d'un gris-jaunâtre pâle, est marquée de taches noires et brunes ; ces mêmes taches se retrouvent sur la queue où elles forment des anneaux.

C'est un véritable animal des steppes, qui compte plus sur son agilité et sa souplesse que sur sa force pour trouver sa nourriture. Comme il ne court ni très vite, ni très loin, il doit employer la ruse et les embûches pour s'emparer de sa proie.

Lorsqu'il aperçoit un troupeau d'antilopes ou de cerfs, il se tapit à terre ; rampe silencieusement, cherchant à échapper à l'œil vigilant de la victime.

Comme il avance contre le vent, il peut approcher de très près ; si le guide du troupeau lève la tête, il se couche et demeure immobile ; il arrive ainsi à une quinzaine de pas de la bête qui se trouve à sa portée ; alors il s'élance, l'atteint en quelques bonds, la renverse avec ses pattes, la saisit à la nuque avec sa forte mâchoire. La victime l'emporte à quelques centaines de pas de là ; mais bientôt elle succombe et le guépard boit avec avidité son sang chaud et fumant.

L'homme sait parfaitement utiliser pour la chasse les instincts du guépard ; comme le faucon, cet animal, dressé, devient un excellent auxiliaire des chasseurs asiatiques ; ils le chaperonnent, le placent sur un petit chariot à deux roues, ou sur la croupe d'un cheval, et ils le lâchent, quand ils ont découvert le gibier.

Un jour, j'aperçus un troupeau d'antilopes qui, tranquillement, paissaient dans la jungle, et, à une grande distance, des chasseurs conduisant des guépards attachés par leur collier à des chariots. Des gardiens les retenaient au moyen d'une courroie passant autour des reins ; ils avaient sur les yeux un chaperon de cuir.

Les chasseurs avaient, sans doute, connaissance de la présence des antilopes, car ils marchaient dans leur direction ; ils s'arrêtèrent dans un champ de cotonniers, à environ cent mètres du gibier qu'ils convoitaient, et délièrent deux guépards, qui furent aussi déchaperonnés. Je vis les carnassiers se blottir à terre, ramper lentement et silencieusement, se dissimulant de leur mieux derrière chaque obstacle ; de temps en temps ils s'arrêtaient ; leur corps frémissait. L'un d'eux croyant avoir été aperçu se releva, bondit, tomba au milieu du troupeau, saisit une antilope, qui s'enfuit éperdue, emportant avec elle le guépard qui d'un second coup de patte lui ouvrit la gorge et se désaltéra de son sang.

L'autre guépard fit cinq ou six bonds hésitants ; il manqua sa proie, et s'en revint en grondant s'asseoir sur le chariot.

Un des chasseurs courut après celui qui avait atteint sa victime ; il le chaperonna, coupa la tête de l'antilope et recueillit le sang dans un vase de bois qu'il plaça sous le nez du vainqueur.

Voici comment le docteur Fleming raconte une chasse au guépard d'un prince indien :

« Lorsque le prince veut chasser, il fait savoir, la veille, ses intentions au maître veneur, afin que l'on soit prêt avant le jour.

» On part à l'aube, de manière à entrer en chasse vers six heures. Les voitures qui portent les guépards s'avancent en file, et le prince avec sa suite marche tout à côté, se laissant voir et entendre le moins possible. Lorsqu'on approche du lieu où l'on compte trouver des gazelles, on redouble encore de précautions, et le maître veneur qui conduit la file des voitures, s'arrange de manière à arriver sur le troupeau dans une direction telle, qu'elles n'ont pour fuir qu'une côte montante ou un terrain raboteux. Si l'on obtient ce point, toutes les chances sont pour le guépard.

» Dès que l'on est en vue, on fait sortir de

la cage le premier guépard et on lui ôte le chaperon, dont il avait eu jusqu'à ce moment les yeux couverts. Si quelque gazelle se trouve plus éloignée que toutes les autres, c'est vers elle qu'il se dirige; mais si elles sont réunies en troupeau serré, on peut être certain que c'est au mâle, le plus fort, qu'il s'attaquera.

» Lorsqu'il a choisi sa victime, il s'avance vers elle à pas furtifs, se glissant à travers les herbes et se traînant presque sur le ventre. La route qu'il suit n'est souvent pas la plus directe, mais c'est toujours celle qui lui permet de s'approcher le plus sans être aperçu; quand il n'est plus qu'à une centaine de toises de la gazelle, il change subitement d'allure et s'élance vers elle à toutes jambes.

» Sa course est extrêmement rapide, mais elle n'est pas longtemps prolongée. Si, après avoir franchi un espace de deux à trois cents toises, il n'a pas atteint sa proie, il renonce à la suivre. Il semble honteux, il marche lentement et se laisse approcher par ses gardiens, qui lui mettent de nouveau le chaperon et le font rentrer dans sa cage. S'il a atteint la gazelle, il la terrasse à l'instant, et continue de la tenir à la gorge jusqu'à ce que le chasseur soit arrivé. Celui-ci commence par mettre au guépard son chaperon, puis il coupe le cou à la gazelle, la dépèce et en donne un des membres à l'animal, qu'on ne fait rentrer dans sa cage qu'après qu'il a mangé.

» Quelquefois on prend la gazelle en vie; mais cela exige de la part du chasseur de l'adresse et de la présence d'esprit, et, avec tout cela, cette prouesse n'est jamais sans danger. Quand le troupeau de gazelles est très nombreux, on lâche quelquefois au même instant deux, trois et jusqu'à quatre guépards; la chasse est alors très divertissante. Les spectateurs font bien de se tenir à distance jusqu'au moment où les chaperons sont mis. On a remarqué que les hommes à cheval sont plus exposés que les autres à être attaqués par l'animal, lorsqu'il revient dépité d'avoir manqué son coup. »

En liberté, le guépard n'attaque l'homme que lorsqu'il est provoqué; mais il se fait quelquefois agresseur quand il se trouve en présence d'un enfant, d'une femme, d'individus faibles et isolés. Cependant, il est courageux, se défend avec opiniâtreté, et se venge quelquefois d'une manière terrible :

« Deux chasseurs, qui revenaient d'une chasse aux gazelles, aperçurent un guépard et se mirent à sa poursuite. Beaucoup d'obstacles ralenetissant sa fuite, il fut atteint d'une balle. Il revint vers le chasseur qui l'avait blessé; il s'élança sur cet ennemi, le fit tomber de cheval, et engagea avec lui un combat corps à corps. L'autre chasseur s'empressa d'accourir; il mit pied à terre pour secourir son compagnon, et, au risque de l'atteindre en même temps que l'animal, il fit feu. Le coup fut mal dirigé, mais le bruit de la décharge fit changer l'aspect du combat. Abandonnant l'homme qu'il venait de terrasser, il se jeta avec fureur sur le nouvel assaillant, qui n'eut pas le temps de tirer son couteau de chasse. Le guépard l'avait saisi par la tête; ils roulèrent ensemble au fond d'un précipice.

» Le chasseur dégagé, mais horriblement mutilé, se traîna inutilement jusqu'à ce nouveau champ de bataille; les blessures de son camarade étaient mortelles, et il n'eut d'autre satisfaction que celle d'arracher un reste de vie au guépard épuisé par la perte de son sang. »

X

Oiseaux et Singes

Les nélicourvis. — Un oiseau industrieux. — Attaque des nids. — Les mésaventures d'un singe. — Qualités et défauts. — Récolte du thé par les singes. — Origine mystérieuse du thé. — Le singe entelle. — Un singe martyr — Un animal vénéré. — Le macaque rhésus. — Un voisinage désagréable. — La vengeance d'un planteur.

Je vous ai parlé de la penduline, jolie mésange qui déploie tant d'art pour la construction de son nid : non moins industrieux sont les mignons oiseaux connus partout dans l'Inde sous le nom de *nélicourvis bayas*, ou simplement de *bayas*.

Le baya a la partie supérieure du corps d'un brun foncé, bordé de fauve ; la partie inférieure est fauve, la poitrine marquée de brun clair et de noir ; la face et la partie antérieure du cou sont noirs ; le dessus de la tête est d'un jaune vif ; les grandes plumes des ailes sont bordées d'un léger liseré jaune ; l'oiseau a seize centimètres de longueur y compris la queue qui mesure cinq centimètres.

Les bayas, très communs dans les bois et dans les plaines, se nourrissent de grains de toute espèce et surtout de riz ; ils se réunissent par troupes, et, pendant le repos, ils font entendre un gazouillement continuel.

Le nid curieux du baya, en forme de cornue, est pendu d'ordinaire à un palmier, rarement à un autre arbre ; souvent il est établi sur un arbre dont les branches s'avancent sur un cours d'eau, surtout si ces branches sont nombreuses et peu serrées les unes contre les autres ; il le suspend aussi parfois au chaume des maisons, et on voit des huttes portant ainsi trente à quarante de ces nids.

Ce nid est construit avec des tiges d'herbes que le baya cueille lorsqu'elles sont encore vertes ; l'oiseau emploie quelquefois des nervures de feuilles de palmier ; mais comme le petit architecte paraît comprendre qu'une substance aussi solide n'a pas besoin d'être employée en aussi grande quantité que les herbes, ces nids sont moins bombés et moins volumineux que les autres.

Lorsque l'espèce de chambre qui doit contenir les œufs est terminée, le baya fait une forte cloison latérale ; si l'on enlève le nid en ce moment, il a la forme d'un panier sans anse. On a cru que la partie séparée était la chambre du mâle, mais ce n'est en réalité que le seuil séparant le nid proprement dit de son couloir d'entrée, seuil qui doit être très solide, car c'est là que se perchent les parents, et plus tard les petits.

Jusqu'à ce moment, les deux bayas travaillent de concert ; mais, dès que le seuil est construit, la femelle se retire dans l'intérieur du nid, tisse les brins d'herbe que lui apporte le mâle, pendant que celui-ci s'occupe seul de l'extérieur. D'un côté de l'entrée se trouve la chambre des œufs, de l'autre côté règne le couloir ; mais, cette construction a pris beaucoup de temps ; et, à ce laborieux travail, succède une période de repos.

Les oiseaux, cependant, ne restent pas absolument inactifs, ils apportent dans le nid de petits fragments d'argile. A quoi est destinée cette terre ? Différentes suppositions ont été faites à ce sujet. Les indigènes ont cru que le baya enchâssait des vers luisants dans l'argile pour éclairer son nid pendant la nuit; d'autres ont supposé que l'oiseau y aiguisait son bec; d'autres encore ont prétendu que cette argile servait à consolider l'édifice. J'ai vu de près les nids des nélicourvis, et, d'après la place qu'occupe cette terre, je crois qu'elle sert tout simplement à maintenir l'équilibre de la construction : c'est une sorte de lest qui empêche le nid d'être le jouet du vent.

Les jeunes bayas s'apprivoisent assez facilement; on leur apprend des tours d'adresse comme aux canaris et aux chardonnerets; et les pauvres petits captifs se montrent gais si on les met dans une volière assez spacieuse.

Je vous ai dit que les bayas aimaient à suspendre leurs nids aux branches qui s'avancent au-dessus des cours d'eau, et, si vous l'ignorez, je vous apprendrai que les singes, très communs partout dans l'Inde, sont très friands d'œufs d'oiseaux.

Je venais d'apercevoir une véritable colonie de nélicourvis dont les nids, gracieusement suspendus au-dessus d'une jolie nappe d'eau, étaient doucement agités par la brise. Tout près de là, plusieurs singes se balançaient aux branches d'un arbre en faisant mille grimaces, et il était facile de deviner qu'ils avaient pour objectif le pillage des nids de bayas.

Les petits oiseaux, inquiets, poussaient des cris d'effroi en voltigeant en tumulte autour des nids, pendant qu'un des singes s'avançait avec précaution sur un rameau dont les oscillations l'inquiétaient certainement plus que les protestations de colère des bayas. Déjà le singe allongeait la main pour s'emparer du nid le plus rapproché, lorsque la branche se rompit, et le malheureux quadrumane fut précipité dans l'eau, entraînant dans sa chute la proie, cause de sa mésaventure.

Ce fut alors un bruit confus de cris d'oiseaux, de branches cassées par les singes qui fuyaient, pendant que leur camarade sortait de la rivière, tout honteux de sa mésaventure en faisant les plus affreuses grimaces.

« Les singes ressemblent à l'homme par tous leurs défauts. Ils sont méchants, faux, perfides et voleurs ; ils apprennent une foule de tours plaisants, mais ils n'obéissent pas et gâtent souvent le jeu en faisant quelque balourdise comme un arlequin grossier. On ne saurait attribuer une vertu quelconque aux singes, et moins encore les croire capables de rendre service à l'homme. Ils peuvent rester en faction, servir à table, chercher divers objets, mais ne le font que par intermittence et tant que leur folle humeur ne reprend pas le dessus. Au point de vue physique comme au point de vue moral, ils ne représentent que le mauvais côté de l'homme. » (1)

Cependant, ce jugement porté par un homme me paraît exagéré ; il faut bien reconnaître aux singes quelques bonnes qualités : ils manifestent souvent de la prudence, de la gaîté, de la douceur, de la bonté, de l'amitié et de la confiance pour l'homme.

Je vous ai entretenu d'un singe qui remplissait, à bord d'un navire, les fonctions de garçon boulanger, et qui mourut de douleur à la suite de mauvais traitements immérités qu'on lui avait fait subir. J'ai vu, en Chine, des singes dressés pour la récolte du thé, et qui s'acquittaient de cette tâche à la satisfaction de leurs maîtres.

Le thé est aujourd'hui d'un usage à peu près général ; de l'Asie, il s'est introduit en Europe et en Amérique, et est devenu, dans certains pays, l'une des nécessités de l'existence. Peut-être ne seriez-vous pas fâchés de connaître l'origine mystérieuse que les Japonais attribuent à cette plante.

« Darma, prince et pontife indien d'une grande piété, troisième fils du roi Kosjuwo, et vingt-huitième successeur du grand prêtre Sjaka, qui vivait plus de mille ans avant Jé-

(1) Oken.

sus-Christ, arriva en Chine vers l'an cinq cent
dix-neuf de l'ère chrétienne, et travailla de tout
son pouvoir à enseigner aux peuples qui l'en-
touraient la religion qu'il pratiquait. Il prê-
chait de parole et d'exemples, s'imposait toute
sorte de privations, et ne mangeant que des
feuilles pour toute nourriture; il avait même
résolu de passer les nuits dans de pieuses
méditations, regardant comme le terme de
la perfection humaine, de pouvoir se consacrer sans relâche au service de Dieu. Un jour,
pris par le besoin, et fatigué par la chaleur
d'une longue marche, il se laissa aller au
sommeil.

» A son réveil, touché d'une immense douleur d'avoir violé son vœu, et voulant empêcher que le même accident ne lui arrivât de
nouveau, il s'arracha les paupières des deux
yeux, instruments de son crime, et les jeta
avec colère sur la terre. Revenu au bout de
trois jours dans le même lieu, il vit, avec la
plus grande surprise, que de chacune de ses
paupières était né un arbuste jusqu'alors inconnu, et dont les propriétés étaient ignorées.
Le pontife en cueillit les feuilles pour s'en
nourrir, et en ressentit une grande joie intérieure, ainsi que la force de se livrer à ses
contemplations. Cette vertu cachée dans les
feuilles de l'arbuste, la manière de les préparer, furent transmises par lui à ses disciples,

et passèrent ainsi dans l'usage vulgaire avec le termc de thé, employé pour désigner l'arbuste, et qui, paraît-il, signifiait paupière dans la langue de cette époque. »

Il y a des thés de différcntes qualités ; on estime beaucoup celui qui croît naturellement dans les anfractuosités des montagnes, où ne pourraient parvenir les hommes les plus lestes et les plus adroits pour en opérer la récolte.

« Des singes sont dressés par les Chinois à escalader ces endroits difficiles, et à dépouiller indistinctcment dc leurs feuilles tous les arbrisseaux à thé qui leur sont désignés. Les ouvriers ramassent ces feuilles et ont soin de récompenser par des fruits les singes travailleurs. Quelques auteurs ont avancé que cette récolte était faite en agaçant et en irritant une grande quantité de singes, habitants sauvages de rochers inaccessibles, et qui, pour se venger, briseraient les branches des arbres à thé, et les feraient pleuvoir sur ceux qui les insultent ; il est aujourd'hui prouvé que les singes employés à la cueillette sont apprivoisés.

« Lindustrie chinoise a profité de la voracité du cormoran pour l'envoyer saisir les poissons au fond des lacs et des rivières, et les apporter en tribut à son maître ; elle a utilisé même l'adresse et l'intelligence du singe ; mais combien de patience il a dû falloir pour instruire un animal aussi peu docile. » (1)

Parmi les espèces de singes les plus répandues dans les Indes, il faut citer le *singe entelle* que les Indiens appellent le *houlman* et auquel ils rendent les honneurs divins.

Une légende très répandue rapporte que l'Inde est redevable au houlman de l'un de ses fruits les plus estimés, la *mangue*, qu'il déroba dans l'antique Taprobane, aujourd'hui l'île de Ceylan. Le malheureux, condamné au bûcher en punition de ce vol, parvint à éteindre le feu; mais il se brûla les mains et la figure, et c'est depuis cette époque qu'il est noir.

Les brahmes pouvaient-ils mieux reconnaître le dévouement de ce martyr qu'en le déifiant?..

L'entelle a quatre-vingts centimètres de longueur, avec une queue de un mètre; il a le pelage blanc-jaunâtre; le dos, les membres et presque toute la queue plus foncés que le reste du corps. La face et les quatre mains sont noires. Les membres de ce singe sont d'une longueur démesurée et en apparence très grêles; ses mouvements sont lents; l'œil et la physionomie restent toujours calmes.

Pendant sa jeunesse, l'entelle a le front lar-

____

(1) Les trois règnes de la Nature.

ge, le crâne élevé et arrondi, et il jouit d'une étonnante pénétration pour concevoir ce qui peut lui être agréable ou nuisible ; il est alors facile à apprivoiser, pourvu qu'on emploie la douceur et les bons traitements. Plus tard, lorsqu'il vieillit, il n'a pour ainsi dire plus de front ; son museau a acquis une proéminence considérable ; il tombe dans l'apathie et dans le besoin de solitude.

La vénération des Hindous pour le houlman est telle qu'ils lui permettent de piller leurs jardins et leurs maisons, et même de leur enlever les aliments qu'ils tiennent entre les mains. Celui qui ose attenter à la vie de ce singe sacré met la sienne en jeu : Un jeune Hollandais, nouvellement arrivé d'Europe, ayant tué de sa fenêtre un houlman, les indigènes se révoltèrent, et ce ne fut qu'à grand'-peine qu'on parvint à les apaiser. Ils prièrent le jeune homme d'aller s'établir ailleurs, car ils étaient persuadés que cet étranger allait périr et qu'eux-mêmes pourraient être punis de son crime.

« Ce singe, dit Duvaucel, fait son apparition dans le bas Bengale, vers la fin de l'hiver. Mais je n'ai pu d'abord m'en procurer, car, quelque zèle que j'aie mis dans mes poursuites, elles sont toujours restées infructueuses à cause des soins empressés qu'ont mis les Bengalis à m'empêcher de tuer une bête si respectable, qu'on doit nécessairement mourir dans l'année qui suit son décès. Les Hindous chassaient le singe aussitôt qu'ils voyaient mon fusil, et pendant plus d'un mois qu'ont séjourné à Chandernagor sept ou huit individus qui venaient jusque dans les maisons saisir les offrandes des fils de Brahma, mon jardin s'est trouvé entouré d'une garde de pieux brahmes, qui jouaient du tam-tam pour écarter le dieu quand il venait manger mes fruits...

« A Gouptisara, je vis les arbres couverts de houlmans, qui se mirent à fuir en poussant des cris affreux. Les Hindous, en voyant mon fusil, devinèrent, aussi bien que les singes, le sujet de ma visite, et douze d'entre eux vinrent au-devant de moi, pour m'apprendre le danger que je courais, en tirant sur des animaux qui n'étaient pas moins que des princes métamorphosés. J'avais bien envie de ne point écouter ces charitables avocats; cependant, à moitié convaincu, j'allais passer outre, lorsque je rencontrai sur ma route une princesse si séduisante, que je ne pus résister au désir de la considérer de plus près. Je lui lâchai un coup defusil, et je fus alors témoin d'un trait vraiment touchant. La pauvre bête, qui portait un jeune singe sur son dos, fut atteinte près du cœur; elle se sentit mortellement blessée, et, réunissant toutes ses forces, elle saisit son petit, l'accrocha à une branche, et tomba morte à mes pieds. Un trait si maternel me fit plus d'impression que tous les discours des brahmes, et le plaisir d'avoir un bel animal, ne put l'emporter sur le regret d'avoir tué un être qui semblait tenir à la vie par ce qu'il y a de plus respectable. »

Le *macaque rhésus* n'est pas moins bien traité par les Hindous qui voient en lui, comme dans l'entelle, une sorte de divinité. Voici ce que dit de ce singe le capitaine Johnson :

« Dans le voisinage de Bindrabun, on rencontre plus de cent jardins bien fournis, dans lesquels on cultive toutes sortes de fruits pour l'entretien du macaque. Les personnes riches du pays témoignent ainsi leur vénération à leur dieu.

» En traversant, un jour, l'une des routes de Bindrabun, je remarquai un vieux rhésus qui me suivait d'arbre en arbre ; tout à coup il descend, m'enlève mon turban, et s'éloigne rapidement.

» J'habitai une fois cette ville pendant tout un mois, je demeurais dans une grande maison, située sur le bord du fleuve, et appartenant à un riche indigène. La maison n'ayant pas de portes, les singes entraient souvent dans la chambre même que j'occupais, et enlevaient du pain et d'autres objets devant nos yeux. Lorsque nous dormions dans un coin de la chambre, ils se montraient bien plus hardis voleurs. J'ai souvent fait semblant de dormir, pour les observer à mon aise, et j'admirais leur habileté et leur adresse. Ils faisaient des bonds de douze à quinze pieds, d'une maison à l'autre, avec un ou deux petits sous le ventre, et une charge de pain, de sucre et d'autres objets dérobés dans les mains.

» Dans une excursion que je fis à Jeckarry, nous avions dressé nos tentes dans un grand jardin de mangoustans, et avions attaché nos chevaux à une petite distance. Pendant que nous étions à table, le palefrenier vint nous dire que l'un des chevaux avait rompu ses liens, parce que les singes l'avaient effrayé par leurs cris et en lançant des branches sèches du haut des arbres ; il nous avertit aussi que les autres chevaux allaient probablement en faire autant, si nous ne venions pas à son aide. A l'issue du repas, je pris mon fusil pour aller chasser les singes, et j'en tirai un qui se sauva rapidement au milieu des branches, où il s'assit en essayant d'arrêter avec ses mains et de faire coaguler le sang qui coulait de ses plaies. Ce spectacle me causa une grande émotion, et me fit perdre toute envie de continuer ma chasse. Un palefrenier vint immédiatement après ma rentrée nous raconter que l'individu que j'avais tiré était mort, mais que les autres singes étaient venus l'emporter, on ne savait où.

» Un homme digne de foi m'a raconté que la vénération des indigènes pour ce singe est aussi grande que celle que reçoit le houlman. Les indigènes de Baka laissent le dixième de leurs moissons sur les champs pour les singes, qui descendent immédiatement des montagnes pour lever la dîme. »

Il est bien difficile à un étranger de vivre dans le voisinage du rhésus, sans concevoir pour lui la plus grande aversion; il a bientôt dévasté les jardins et les plantations; et les sentinelles chargées de veiller à la sûreté des récoltes ne peuvent suffire à la peine.

Chassés d'un côté, les singes reviennent bientôt de l'autre; les épouvantails ne les arrêtent guère; et c'est risquer sa propre vie que de les tuer.

Un Anglais avait vu, pendant deux ans, ces animaux dérober ses récoltes; il ne savait comment protéger ses plantations de cannes : Un fossé profond les protégeait contre les éléphants et les porcs, mais ne pouvait rien contre les singes qui se jouaient des obstacles. Le planteur eut alors l'idée de s'emparer de plusieurs jeunes rhésus, qu'il emporta chez lui, et qu'il barbouilla d'une espèce d'onguent composé de miel, de sucre et d'émétique. Ainsi badigeonnés, les petits macaques furent remis en liberté. Les parents, inquiets depuis qu'ils avaient disparu et qui épiaient leur retour, témoignèrent beaucoup de joie, en les voyant revenir ; et leur premier soin fut de les débarrasser de l'enduit qui salissait leur. elage et les rendait presque méconnaissables. La substance à enlever étant douce et sucrée, l'opération n'avait rien de désagréable pour les père et mère. Mais le plaisir ne fut pas de longue durée ; l'émétique eut le prompt et entier effet qu'on lui connaît, et dès ce moment, les singes furent à tout jamais dégoûtés des cannes à sucre de l'Anglais.

XI

La Salangane

L'île de Ceylan. — La pêche des perles. — La salangane. — Un oiseau célèbre. — L'alcyon. — Histoires fantaisistes. — Un nid flottant. — La substance des nids de salangane. — Observations de Poivre. — Dans une caverne. — Opinions diverses. — Les nids des kusappis. — Une chasse dangereuse. — Entre le ciel et l'eau.

Je marche, ou plutôt je vole de merveille en merveille : me voici à Ceylan, grande île séparée de l'Hindoustan par le golfe de Manaar et le détroit de Palk !

Dans cette riche et magnifique contrée, les pierres sont des rubis et des saphirs ; l'air est imprégné des parfums les plus suaves ; les plantes les plus ordinaires fournissent de précieux aromates. Les troupeaux d'éléphants parcourent les jungles; les paons au brillant plumage, les oiseaux de paradis sont aussi communs que les corbeaux et les hirondelles en Europe. Des forêts de cocotiers s'étendent le long des côtes; l'arbre à pain fournit aux Ceylanais de précieuses ressources; le bananier, l'oranger, le palmier, l'ébénier, croissent de toutes parts.

J'ai assisté à la pêche des perles, dans le golfe de Manaar : A un signal donné, tous les bateaux qui doivent y prendre part sortent du port, où ils rentrent, tous en même temps, à un autre signal. Ils débarquent les huîtres qu'ils ont recueillies; ils en font des lots qui sont vendus au plus offrant. S'il y a beaucoup de perles ou seulement deux perles de belle qualité dans le lot, la fortune de l'acquéreur est faite; mais il arrive souvent que la marchandise ne vaut pas la centième partie du prix pour lequel on l'a achetée. Tous ces marchands avides qui se pressent autour des pêcheurs sont les plus riches joaillers de l'Inde qui se rendent à Ceylan à l'époque de la pêche.

L'amour du gain s'offre ici sous ses aspects les plus hideux : Les infortunés plongeurs étouffent quelquefois sous l'eau ou expirent en vomissant des flots de sang, dès qu'ils sortent de la mer. Les huîtres en putréfaction exhalent l'odeur la plus infecte ; l'air en est partout corrompu ; et on voit d'avides chercheurs de perles remuer cette pourriture pour y découvrir quelque trésor négligé !

C'est à Ceylan que j'ai rencontré pour la première fois les oiseaux de ma famille appelée *salangane*. On a cru pendant longtemps que ces hirondelles n'habitaient que les îles de la Sonde ; mais on sait maintenant qu'elles sont répandues dans plusieurs contrées de l'Asie, notamment à Ceylan.

On sait aussi que les salanganes sont des oiseaux depuis longtemps célèbres, dont on mange les nids ; l'espèce la plus commune a le dessus du corps d'un brun grisâtre foncé ; la partie inférieure est d'un gris plus clair ; les ailes et la queue sont presque noires ; une tache blanche se trouve en avant de l'œil. Chez les adultes on remarque un léger reflet métallique gris-verdâtre qui ne se présente pas chez les jeunes ; la largeur du corps est de treize à quatorze centimètres ; l'envergure est de trente trois centimètres.

Le nid, qui a fait la célébrité des salanganes et qui est un mets très estimé, particulièrement en Chine, ressemble à une petite coupe ou coquille translucide, mince comme une fine écorce d'orange, accolée contre un rocher. Un peu isolés les uns des autres, ces nids sont, au même endroit, en nombre considérable. On peut encore comparer l'édifice à un petit bénitier formé de la coquille nommée *peigne* ; mais la forme est un peu plus allongée transversalement le long du rocher.

Les contes les plus absurdes, les histoires les plus fantaisistes ont circulé sur la salangane et sur la nature de son nid précieux.

Ces oiseaux, qu'on nommait autrefois *alcyons*, étaient, suivant les anciens auteurs, de la couleur et de forme d'une hirondelle : ils les représentaient avec des membranes aux pattes, comme le canard, et l'extrémité des ailes d'un beau jaune aurore.

Les alcyons, disaient-ils, ne vont guère que par bandes, et ne paraissent ordinairement que pendant les tempêtes ; ils suivent les vaisseaux, volent fort vite à un pied ou deux au-dessus de l'eau, et en se coupant les uns les autres ; quelquefois ils frisent l'eau, et ne vivent qu'à la mer. Les matelots respectent si fort les alcyons qu'ils n'osent en tuer.

Le vicomte de Querhoënt, qui avait observé ces oiseaux dans de nombreux voyages, affirmait que les alcyons volaient quelquefois seuls aux environs des vaisseaux, et qu'ils y paraissaient sans qu'il y ait de coup de vent. Il croyait que l'alcyon, le pétrel et l'oiseau de tempête, étaient une seule et même espèce d'oiseau qui avait subi des altérations de variété, par la différence des climats.

Mauduyt disait, au contraire, que l'alcyon, célèbre par l'usage qu'on faisait de son nid, et par ce qu'on avait écrit, était *l'hirondelle de rivage* de la Cochinchine. Cet oiseau, ajoutait-il, porte aux Philippines le nom de salangane ; il n'est pas si gros que le roitelet ; toutes les parties supérieures du corps sont noirâtres ; les inférieures sont blanches ; les pennes des ailes et la queue tirent sur le noir ; celles de la queue se terminent par des taches blanches ; le bec est noir ; les pieds et les ongles sont bruns ; l'iris est jaune.

Tous les auteurs étaient d'accord sur le cas que les Chinois et d'autres peuples de l'Asie faisaient du nid de salangane comme assaisonnement délicat de certains mets, sur le grand prix qu'ils y attachaient, et sur la propriété qu'ils leur attribuaient ; mais ils différaient d'opinion sur la substance dont ce nid était composé, sur sa configuration et sur les lieux où l'oiseau le construisait.

Les uns prétendaient que l'oiseau attachait son nid aux rochers, à peu près à fleur d'eau ; d'autres croyaient qu'il le dissimulait dans des crevasses ; d'autres encore affirmaient qu'il le plaçait dans des trous creusés dans le sol.

Quelques marins assuraient que ces nids étaient composés de goëmon ; ils ajoutaient que les alcyons les traînaient jusqu'au bord de la mer ; et que, lorsque le vent soufflait de terre, ils levaient une aile qui leur servait de voile pour porter le petit vaisseau au large. Ils voguaient ainsi sur leurs nids au milieu des eaux.

Quant à la substance du nid, c'est, disaient les uns, une humeur visqueuse et blanche que les alcyons rendent par le bec ; d'autres y voyaient le suc d'un arbre appelé *calambouc* ; quelques-uns affirmaient que c'était une *écume de mer*, du frai de poisson, des débris d'olothuries, de polypes de mer.

L'accord n'était pas plus parfait relativement à la saveur des nids de salangane, que certains voyageurs disaient être très aromatiques, tandis que d'autres affirmaient que cette substance si recherchée était absolument insipide.

« Ce qu'il y a de certain, écrivait un observateur, c'est que ceux qu'on nous apporte en Europe et que l'on voit dans les cabinets de curieux, sont d'un blanc-gris, à demi-transparents, qu'ils ressemblent à de la colle de poisson ; qu'ils ont une forme hémisphérique très irrégulière, qui paraît avoir été déterminée par la base à laquelle ils adhéraient. »

Suivant Kœmpfer, les nids de salangane n'existent pas ; ils ne sont autre chose qu'une préparation factice due à d'industrieux matelots chinois, qui en retirent de gros bénéfices.

La chair de différents polypes fait tous les frais de cette préparation.

Guéneau et Montbéliard, désireux d'apporter un peu de lumière dans ce chaos, s'adressa, pour avoir des renseignements authentiques, à Poivre, alors intendant des îles de France et de Bourbon. Voici un extrait des observations qui furent faites à cette époque :

« M'étant embarqué, en 1741, sur le vaisseau *Le Mars*, pour aller en Chine, nous nous trouvâmes, au mois de juillet de la même année, dans le détroit de la Sonde, tout près de l'île de Java, qu'on nomme la grande et la petite Toque. Nous fûmes pris de calme en cet endroit, et nous descendîmes sur la petite Toque, dans le dessein d'aller à la chasse des pigeons verts. Tandis que nos camarades de promenades gravissaient les rochers pour chercher des ramiers verts, je suivis le bord de la mer pour y ramasser des coquillages et des coraux qui y abondent. Après avoir fait le tour presque entier de l'îlot, un matelot chaloupier qui m'accompagnait découvrit une caverne assez profonde, creusée dans les rochers qui bordent la mer ; il y entra. La nuit approchait ; à peine eut-il fait deux ou trois pas qu'il m'appelait à grands cris. En arrivant, je vis l'ouverture obscurcie par une nuée de petits oiseaux qui en sortaient comme des essaims. J'entrai en abattant avec ma canne

plusieurs de ces pauvres petits oiseaux que je
ne connaissais pas encore. En pénétrant dans
la caverne, je la trouvai tapissée, dans le haut,
de petits nids en forme de bénitiers.

» Le matelot en avait déjà arraché plusieurs
et rempli sa chemise de nids et d'oiseaux. J'en
détachai aussi quelques-uns, je les trouvai très
adhérents aux rochers. La nuit vint... nous
nous embarquâmes, emportant nos chasses et
nos collections. Chacun de ces nids contenait
deux ou trois œufs ou petits, posés mollement
sur des plumes semblabes à celles que les père
et mère avaient sur la poitrine. Comme ces
nids sont sujets à se ramollir dans l'eau, ils ne
pourraient subsister à la pluie, ni près de la
surface de la mer.

» Arrivés dans le vaisseau, nos nids furent
reconnus par les personnes qui avaient fait
plusieurs voyages en Chine, pour être de ces
nids si recherchés des Chinois. Le matelot en
conserva quelques livres qu'il vendit très bien
à Canton. De mon côté, je dessinai et peignis
en couleurs naturelles les oiseaux avec leurs
nids et leurs petits dedans, car ils étaient tous
garnis de petits de l'année ou au moins
d'œufs. En dessinant ces oiseaux, je les reconnus pour de vraies hirondelles. Leur taille
était à peu près celle des colibris.

» Depuis, j'ai observé dans d'autres voyages que, dans les mois de mars et d'avril,

les mers qui s'étendent depuis Java jusqu'en Cochinchine au Nord, et depuis la pointe de Sumatra, à l'Ouest, jusqu'à la nouvelle Guinée à l'Est, sont couvertes de *rogues*, ou frai de poisson, qui forme sur l'eau comme une colle forte à demi délayée.

» J'ai appris des Malais, des Cochinchinois, des Indiens Bissagas des îles Philippines, et des Moluquois, que la salangane fait son nid avec ce frai de poisson. Tous s'accordent sur ce point. Il m'est arrivé, en passant aux Moluques, en avril, et dans le détroit de la Sonde, en mars, de pêcher avec un seau de ce frai de poisson dont la mer était couverte, de le séparer de l'eau, de le faire sécher, et j'ai trouvé que ce frai, ainsi séché, ressemblait parfaitement à la matière des nids de salangane... Elle le ramasse, soit en rasant la surface de la mer, soit en se posant sur les rochers où ce frai vient se déposer et se coaguler. On a vu quelquefois des fils de matière visqueuse pendant au bec de ces oiseaux, et on a cru, mais sans aucun fondement, qu'ils la tiraient de leur estomac, à l'époque de la nidification.

» C'est à la fin de juillet et au commencement d'août que les Cochinchinois parcourent les îles qui bordent leurs côtes à vingt lieues de distance de la terre ferme, pour chercher les nids de ces petites hirondelles. Tout cet archipel, où les îles se touchent pour ainsi dire, est très favorable à la multiplication du poisson ; le frai s'y trouve en très grande abondance, les eaux de la mer y sont aussi plus chaudes qu'ailleurs. Ce n'est plus la même chose dans les grandes mers. »

Ainsi donc, suivant Poivre qui a vu et touché les nids de salangane, ces nids sont composés de frai de poisson. Plus de quatre-vingts ans après, Lamouroux soutint que les nids de la salangane étaient de nature végétale et qu'ils avaient pour élément des fucus dont la propriété est de se réduire presque entièrement en une substance gélatineuse par l'ébullition ou la macération. Ce fait est bien connu des gens qui se livrent à la récolte de ces précieux nids, et qui recherchent les fucus employés par l'oiseau ; ils les mêlent aux nids recueillis et augmentent ainsi la quantité de ce produit si difficile à conquérir et dont la valeur est très grande.

Plus tard encore, Lesson fit remarquer qu'il existe plusieurs espèces de salanganes dont les unes emploient des matières animales et les autres des matières végétales pour la construction de leurs nids. Il a vu des nids formés, partie de mousses et partie de matières gélatineuses, comme si l'oiseau n'avait pas trouvé une quantité de matières propres à la construction normale de son nid.

Il en conclut qu'au temps de la ponte, les salanganes, appelées par une prévoyance instinctive, se dirigent vers les endroits où elles doivent trouver la matière nécessaire à la confection de leurs nids ; de même que nous recherchons les lieux où nous pouvons plus facilement récolter la terre qui nous est indispensable pour construire le berceau de nos petits.

Rasant les flots de la mer, elles recueillent la matière qui nage à la surface ; elles l'épurent, la travaillent, la débarrassent des corps étrangers, la pétrissent à l'aide d'un mucus secrété par leurs glandes salivaires. Cette substance, qui ressemble à de la colle de poisson, a la faculté de se gonfler et de se ramollir dans l'eau, sans s'y dissoudre à froid. Les fibres qui tapissent le nid proviennent d'une espèce de lichen branchu qui croît sur les montagnes et les rochers. C'est ainsi qu'on trouve des nids à moitié tissés par cette matière, et à moitié formés de la substance secrétée par l'oiseau.

» Nous ne devons pas nous étonner, dit Bernstein, si tant d'opinions diverses ont eu cours au sujet de la provenance de la matière qui compose les nids des salanganes. Tant que l'on se fiait aux récits d'indigènes ignorants et superstitieux, tant qu'on se contentait de comparer les caractères extérieurs de cette substance avec ceux d'autres matières complètement différentes, il ne fallait pas espérer la lumière sur ce point.

» On ne pouvait arriver à la vérité qu'en observant ces oiseaux en vie. A la vérité, cela est difficile ; car ils nichent dans des cavernes sombres, plus ou moins impraticables, où le jour pénètre à peine. Heureusement qu'une espèce voisine qui habite Java, et qui y est connue sous le nom de *kusappi*, est assez facile à observer, car elle niche dans des lieux abordables, soit à l'entrée des cavernes, soit le long des falaises. Plusieurs fois j'ai pu la voir construire son nid, ce à quoi je ne suis jamais arrivé pour la salangane proprement dite. »

Le savant naturaliste qui a souvent observé des kusappis en train de bâtir leurs nids parle ensuite du grand développement des glandes salivaires de ces oiseaux.

« Ces glandes, dit-il, secrètent une quantité considérable d'un mucus épais, visqueux, qui vient s'amasser à la partie antérieure de la cavité buccale. Ce liquide ressemble assez à une solution saturée de gomme arabique; il est très visqueux et filant. Si l'on en tire un fil de la bouche, et qu'on l'enroule autour d'un bâton, on peut retirer toute la salive de la bouche et même des conduits excréteurs. Cette salive, qui se dessèche très rapidement, ressemble tout à fait à la substance qui compose les nids...

« Quand l'oiseau commence à construire son nid, il vole vers l'endroit qu'il a choisi, et du bout de sa langue applique sa salive contre le rocher ; il répète ce manége dix, vingt fois, sans jamais s'éloigner beaucoup. Il trace ainsi un demi-cercle ou un fer à cheval. La salive se dessèche rapidement, et le nid a une base solide sur laquelle il reposera. Le kusappi se sert de diverses substances végétales qu'il agglutine les unes aux autres avec sa salive ; la salangane proprement dite n'emploie que sa salive. »

Placés dans les anfractuosités des rochers, à l'abri de l'eau, le plus souvent dans de grandes cavernes, ces nids sont très difficiles à atteindre ; la chasse en est des plus périlleuses. A Java, les indigènes ne s'y livrent qu'après avoir sacrifié un buffle à une déesse tutélaire devant laquelle un prêtre brûle de l'encens ; ils se frottent le corps d'huile odoriférante et parfument avec du benjoin l'entrée des cavernes. La descente s'opère au moyen d'échelles de bambous et de longues cordes auxquelles les chasseurs se suspendent.

Les cavernes les plus productives se trouvent sur la côte méridionale de Java. Celles qui s'enfoncent dans le rocher calcaire de

Karang - Kallong sont exploitées par le gouvernement hollandais.

« Ce rocher plonge verticalement dans la mer et est continuellement battu par les flots ; au sommet, se trouve un petit fort, avec une garnison de vingt-cinq hommes chargés de protéger les chasseurs de nids. Sur le bord du rocher, croît un arbre vigoureux, dont les branches s'étendent au-dessus de l'abîme. En se cramponnant à l'une d'elles et en regardant au-dessous de soi, on voit les salanganes voler tout autour du rocher ; elles ne paraissent pas plus grandes que les abeilles. Les chasseurs se laissent descendre l'un après l'autre le long d'une corde d'environ quatre-vingt-dix brasses de long ; celui qui la lâche est perdu. Dans l'intérieur des cavernes, ils sont encore menacés par les flots. Ces cavernes sont au nombre de neuf ; chacune a son nom, et on ne peut les aborder qu'en se laissant glisser le long de la corde. »

XII

Au bord du Gange

*I a côte de Coromandel. — Les serpents. — Le tigre royal;
description. — La force du tigre. — Un grand chat. —
Nombreuses victimes. — En embuscade. — Un chasseur
emporté par une tigresse. — Dernier exploit d'un monstre.
— Un soldat enlevé. — Délivrance miraculeuse. — La jus-
tice d'un rajah. — Tigre apprivoisé.*

Je remonte vers le nord en suivant la base
de la ligne de montagnes qui s'étend le long
de la côte de Coromandel. D'immenses forêts
de bambous couvrent une grande partie du
sol ; le figuier indien, ou arbre des banians,
étend de tous côtés ses rameaux protecteurs ;
des arbres gigantesques portent si haut leur
feuillage que la flèche du meilleur archer ne
peut en atteindre le sommet. Les fleurs brillent partout d'un vif éclat : La rose **dite de**
Kachemir dont on extrait l'*ottar*, essence pré-
cieuse, parfume l'air; la belle rose blanche,
appelée *koundja*, les jasmins à grandes fleurs,
les jolies corolles de l'*atimuca*, la *tscham-
baga* dont les Indiennes ornent leurs cheveux, s'épanouissent partout dans les vallées
qu'elles embaument. Ici c'est le *moussende*
qui étale, parmi ses feuilles blanches, ses
fleurs couleur de sang; l'*ixore*, dont les bou-

quets couleur de pourpre ornent une tige de six pieds de haut ; le *sindrimal* dont les fleurs ouvertes à quatre heures du soir sont fermées à quatre heures du matin ; le *nagatelli* dont les tiges grimpantes et le vert feuillage redouté des serpents couvrent les rochers et les murailles.

Dans les forêts et les marécages, j'aperçois des troupes de deux à trois cents éléphants sauvages, pendant que, sur les routes, des éléphants domestiques traînent des chariots ou soutiennent sur leur large dos la tente de pourpre où repose, sur des coussins dorés, un nabab nonchalant, moins intelligent que le noble animal qui le porte.

Le rhinocéros trouve dans le Bengale, particulièrement dans les îles de l'embouchure du Gange, la grossière nourriture qui lui convient ; on le rencontre en société du tigre, qui vient chercher dans les mêmes lieux un asile contre les chaleurs du jour.

L'Inde est la patrie des serpents ; il y en a partout dans les forêts et dans les champs, dans les jardins et dans les appartements ; je les ai vus souvent se glisser sous les portes les mieux closes. Nul n'est à l'abri des piqûres du cobra manilla, petit serpent bleu de trente centimètres de longueur ; la morsure du rubdira mandali produit de tels ravages qu'aussitôt le sang des victimes sort par tous les pores. Voici le cobra de capello que l'on sait apprivoiser malgré ses morsures dangereuses, et le boa ou serpent royal, qui jouit des honneurs divins. Les marécages sont remplis de hideux reptiles qui distillent les venins les plus actifs, les poisons les plus énergiques.

Les insectes brillent, ici, d'un éclat inconnu aux zones tempérées ; des milliers d'oiseaux au splendide plumage animent les forêts et les bosquets.

C'est là la véritable patrie du tigre royal, connu des anciens sous le nom de tigre du Gange. Cet animal redoutable porte l'épouvante et la mort sur les deux rives du grand fleuve, et ne craint pas de s'élancer à la nage pour attaquer les bateaux qui passent : C'est le plus féroce de tous les animaux.

Dans la classe des animaux carnassiers, le lion est le premier, le tigre est le second ; mais le tigre est plus à craindre que le lion.

« Celui-ci oublie souvent qu'il est le roi, c'est-à-dire le plus fort de tous les animaux ; marchant d'un pas tranquille, il n'attaque jamais l'homme, à moins qu'il ne soit provoqué ; il ne précipite point ses pas, il ne court, il ne chasse que quand la faim le presse. Le tigre, au contraire, quoique rassasié de chair, semble toujours être altéré de sang ; sa fureur n'a d'autre intervalle que ceux du temps qu'il faut pour dresser des embûches ; il saisit et déchire une nouvelle proie, avec la même rage qu'il vient d'exercer et non pas d'assouvir, en dévorant la première ; il désole le pays qu'il habite ; il ne craint ni l'aspect ni les armes de l'homme ; il égorge, il dévaste les troupeaux d'animaux domestiques, met à mort toutes les bêtes sauvages, attaque les petits éléphants, les jeunes rhinocéros, et quelquefois même ose braver le lion. C'est un tyran brutal qui voudrait dépeupler l'univers pour régner seul au milieu des victimes qu'il égorge. Des ongles crochus et des dents meurtrières, voilà les armes plutôt offensives que défensives, qui sont les instruments de son appétit sanguinaire.

» La forme du corps est ordinairement d'accord avec le naturel. Le lion a l'air noble ; la hauteur de ses jambes est proportionnée à la longueur de son corps ; l'épaisse et grande crinière qui couvre ses épaules et ombrage sa face, son regard assuré, sa démarche grave, tout semble annoncer sa fière et majestueuse intrépidité. Le tigre, trop long de corps, trop bas sur ses jambes, la tête nue, les yeux hagards, la langue couleur de sang, toujours hors de la gueule, n'a que les caractères de la basse méchanceté et de l'insatiable cruauté ; il n'a pour tout instinct, qu'une rage constante, une fureur aveugle, qui ne connaît, qui ne distingue rien, et qui lui fait souvent dévorer ses propres enfants et déchirer leur mère lorsqu'elle veut les défendre. Que ne l'eût-il à l'excès cette soif de son sang ! que ne pût-il l'éteindre qu'en détruisant, dès leur naissance, la race entière des monstres qu'il produit !

» Heureusement pour le reste de la nature, l'espèce n'en est pas nombreuse et paraît confinée aux climats les plus chauds de de l'Inde orientale. Elle se trouve au Malabar, à Siam, au Bengale, dans les mêmes contrées qu'habitent l'éléphant et le rhinocéros. Le tigre fréquente les bords des fleuves et des lacs ; car, comme le sang ne fait que l'altérer, il a souvent besoin d'eau pour tempérer l'ardeur qui le consume ; et d'ailleurs, il attend près des eaux les animaux qui y arrivent, et que la chaleur du climat contraint d'y venir passer plusieurs fois chaque jour ; c'est là qu'il choisit sa proie, ou plutôt qu'il multiplie ses massacres, car souvent il abandonne les animaux qu'il vient de mettre à mort pour en égorger d'autres ; il semble qu'il cherche à goûter de leur sang ; il le savoure, il s'en enivre, et, lorsqu'il leur fend et déchire le corps, c'est pour y plonger la tête et pour sucer à long traits le sang dont il vient d'ouvrir la source, qui tarit presque toujours avant que sa soif ne s'éteigne. Cependant, quand il a mis à mort quelques gros animaux, comme un cheval, un buffle, il ne les éventre pas sur place s'il craint d'y être inquiété; pour les dépecer à son aise, il les emporte dans les bois en les traînant avec tant de légèreté, que la vitesse de sa course paraît à peine ralentie par la masse énorme qu'il entraîne.

» Le tigre rugit à la vue de tout être vivant; chaque objet lui paraît une nouvelle proie, qu'il dévore d'avance de ses regards avides, qu'il menace par des frémissements affreux mêlés d'un grincement de dents, et vers lequel il s'élance souvent malgré les chaînes et les grilles qui brisent sa fureur sans pouvoir la vaincre. Son rugissement est différent et plus rauque que celui du lion.

» L'espèce du tigre a toujours été plus rare et beaucoup moins répandue que celle du lion; cependant la tigresse produit, comme la lionne, quatre ou cinq petits; elle est furieuse en tout temps, mais sa rage devient extrême quand on les lui ravit; elle brave tous les périls, elle suit les ravisseurs qui, se trouvant pressés, sont obligés de lui relâcher un de ses petits; elle s'arrête, le saisit, l'emporte pour le mettre à l'abri, revient quelques instants après et les poursuit jusqu'aux portes des villes ou jusqu'à leurs vaisseaux, et, lorsqu'elle a perdu tout espoir de recouvrer sa perte, des cris forcenés et lugubres, des hurlements affreux expriment sa douleur cruelle et font frémir ceux qui les entendent de loin. » (1)

Long d'environ deux mètres cinquante centimètres y compris la queue qui a soixante-quinze centimètres, haut d'à peu près quatre-vingts centimètres, le tigre royal est un chat magnifique, à la robe richement ornée de jaune fauve, zébrée de bandes transversales noires, étroites, qui descendent le long des flancs. La queue, plus claire que les parties supérieures du corps est marquée de quinze anneaux noirs.

« La peau de ces animaux est assez estimée, surtout à la Chine; les mandarins militaires en couvrent leurs chaises dans les marches publiques; ils en font aussi des couvertures de coussins pour l'hiver... Au reste, c'est la seule petite utilité qu'on puisse tirer de cet animal très nuisible, dont on a prétendu que la sueur était un venin et le poil de la moustache un poison sûr pour les hommes et pour les animaux; mais c'est assez du mal réel qu'il fait de son vivant sans chercher encore les qualités imaginaires et des poisons dans sa dépouille, d'autant que les Indiens mangent de sa chair et ne la trouvent ni malsaine, ni mauvaise, et que, si le poil de la moustache, pris en pilule, tue, c'est que, étant dur et

(1) Buffon.

roide, une telle pilule fait dans l'estomac le même effet qu'un paquet de petites aiguilles. »

Le tigre a les mœurs et les habitudes des chats ; malgré sa grande taille, ses mouvements sont aussi gracieux que ceux des plus petites espèces. Sa course est rapide : je l'ai vu glisser silencieusement à travers les herbes, faire des bonds énormes, grimper lestement, en dépit de sa grande taille, sur des arbres élevés, traverser des fleuves à la nage, sans y être contraint.

Le nombre des victimes qui tombent chaque année sous la griffe du tigre est incroyable ; et pourtant, les populations hindoues ne font aucun effort pour se soustraire à cette dîme sanglante ; heureusement, les Anglais leur font une guerre incessante ; mais le pays, peu habité, offre tant de retraites inaccessibles, qu'il s'écoulera encore bien du temps avant qu'on ait pu délivrer l'Inde de ce fléau. Quelques-uns de ces animaux sont d'autant plus redoutables qu'ils paraissent avoir une prédilection marquée pour la chair humaine. Embusqués dans les broussailles, au bord des rivières, à l'affût au bord des sources, sur les routes, les chemins, les sentiers de la forêt, rien ne passe à portée de leurs griffes sans payer le tribut du sang, et ces monstres dépeuplent des contrées entières. Les pénitents qui s'établissent pour quelque temps au bord du Gange sont souvent victimes de leurs pieuses superstitions.

Presque tous les animaux sont l'objet des attaques du tigre; il se jette sur les plus forts comme sur les plus faibles, sur les oiseaux comme sur les reptiles ; les paons ont souvent à souffrir de son voisinage : ce sont ceux qui trahissent sa présence lorsqu'il rampe dans les herbes pour surprendre sa proie; ils s'envolent brusquement pour lui échapper, ou bien, perchés sur un arbre, ils font entendre des cris sonores qui avertissent les autres créatures de l'approche du danger.

Il recherche surtout les roseaux qui couvrent les bords des fleuves, les buissons énormes de bambous; il se tapit sous les taillis aux endroits les plus fourrés ; il paraît avoir une préférence marquée pour le buisson appelé *corinthe*, dont les branches entrelacées et pendantes de tous côtés, jusqu'à terre, forment un berceau de verdure qui le cache à tous les yeux, en lui procurant une agréable fraîcheur. Ainsi couvert, protégé par le silence, il attend avec une patience infinie la proie qu'il convoite, hommes ou bêtes sont étranglés, terrassés, emportés dans un clin d'œil: L'homme est un jouet entre les pattes d'un tigre ; et le bond que l'animal est capable de faire pour tomber sur sa victime est prodigieux. Qui pourrait résister à ce chat formidable qui emporte un buffle dans son fort ?...

La couleur du tigre s'harmonise admirablement avec le milieu dans lequel il vit. Rasé sur le ventre au milieu des jungles, il se confond si bien avec la couleur fauve roussâtre de l'herbe demi-brûlée par le soleil, qu'il ne se lève souvent que sous les pieds du chasseur.

Les tigres sont d'une audace sans égale ; ils attaquent les troupes en marche pendant la nuit malgré la lueur des flambeaux et le bruit des tambours ; les traînards qui suivent l'armée deviennent souvent leur proie ; ils pénètrent dans les villages dont les habitants sont quelquefois contraints d'émigrer ; on a un exemple de quatre-vingts personnes enlevées en deux ans dans un seul village.

Les attaques de cette bête fauve sont si promptes et si imprévues, qu'il n'est pas possible de s'y soustraire ; les compagnons de la victime n'aperçoivent ordinairement le tigre que lorsqu'il emporte déjà sa proie perdue sans retour. On a vu, cependant, des personnes courageuses opérer elles-mêmes leur délivrance.

Quelques Européens s'étaient réunis à des officiers indiens pour aller chasser le tigre dans les jungles. Bientôt ils délogèrent une tigresse d'une grandeur remarquable, qui s'élança avec fureur sur les éléphants. L'un d'eux céda à la frayeur et prit la fuite malgré les efforts de son conducteur. Aussitôt la tigresse s'élança sur le dos de l'éléphant, saisit par la cuisse le malheureux chasseur, l'entraîna à terre, puis, le rejetant tout meurtri sur ses épaules, disparut dans le bois. Tous les fusils étaient dirigés sur elle, mais les chasseurs, craignant de tuer celui qu'ils voulaient sauver, n'osèrent faire feu ; en un instant, ils perdirent de vue la tigresse.

Le chasseur, qui s'était évanoui, revint à lui et se trouva couché sur le dos de la tigresse qui marchait d'un pas rapide à travers le bois, sans s'inquiéter des ronces et des épines. Se croyant perdu, il s'efforçait de se résigner à son sort, lorsqu'il se souvint des pistolets qu'il portait à la ceinture : c'était une chance de salut qui lui restait. Après beaucoup d'efforts, il parvint à en détacher un, le tira à bout portant sur la tête de la tigresse qui tressaillit, enfonça ses dents plus avant dans la chair et pressa le pas. Le chasseur s'évanouit de nouveau : en rouvrant les yeux, il prit son second pistolet, en appuya le canon sur l'omoplate de l'animal, dans la direction du cœur, et fit feu. La tigresse expira sans jeter un seul cri.

Guidés par les traces de sang, les autres chasseurs suivaient la piste du monstre; à mesure qu'ils avançaient, les indices deve-

naient plus faibles et finirent par disparaître
tout à fait. Désespérés, ils allaient abandonner leurs tristes recherches, quand ils virent
la tigresse étendue sans vie au milieu des hautes herbes. La mort ne lui avait pas fait lâcher sa proie, et il fallut lui couper la tête
pour dégager la jambe de la victime que des
soins empressés rappelèrent à la vie.

Une autre fois, un tigre saisit un soldat anglais; il passa en faisant des bonds nombreux
devant une sentinelle qui fit feu, mais que
l'émotion avait empêché d'assurer son arme.
Cependant, le coup avait porté, à en juger par
l'énorme bond que fit le tigre; mais cela
n'eut d'autre effet que de précipiter sa course. Des soldats se mirent à sa poursuite; ils
suivaient la trace du sang qui coulait des
flancs du ravisseur ou de sa proie, lorsque,
entrés dans la jungle, ils entendirent un rugissement affreux qui, répercuté par les échos
de la montagne, parut encore plus terrible. A
la terreur qu'ils venaient d'éprouver succéda
la joie la plus vive en entendant la voix de
leur compagnon qui les appelait, et qui leur
fit le récit suivant :

« Je venais de rapporter quelques vivres
pour mon compagnon de lit, lorsque j'entendis une sorte de frôlement dans les broussailles, à environ six ou sept mètres derrière
moi, et, avant que j'eusse eu le temps de me

retourner pour m'informer de la cause du bruit, je fus saisi et renversé avec une telle force que je restai privé de l'usage de mes sens. Alors, le bruit d'un coup de mousquet, joint à une sorte de tiraillement dans ma cuisse, me rappela à moi-même et me donna le sentiment du grand danger que je courais. Néanmoins, je ne désespérais pas. J'étais en train de ruminer quelque plan pour me sauver, et, quoique enlevé rapidement, je devinai que la balle, au lieu de frapper le tigre, m'avait atteint. Je sentis, d'ailleurs, que je perdais mon sang. Je me souvins, dans cette terrible conjoncture, que ma baïonnette était dans mon ceinturon, et je réfléchis que s'il était possible de l'en tirer, je pourrais peut-être échapper à l'horrible mort qui m'attendait. Non sans difficulté, je portai mon bras derrière moi, je trouvai l'arme et j'essayai de la sortir du fourreau ; mais, ma position était si mauvaise, que je ne pus y réussir. Décrire les frayeurs qui s'emparèrent alors de mon esprit serait impossible : je crus que tout était fini. Enfin, grâce au ciel, rassemblant mes dernières forces, je dégageai l'arme et la plongeai à l'instant même dans l'épaule du monstre. Il fit un bond de côté et ses yeux étincelèrent horriblement. Il me lâcha, mais, à l'instant même, il me ressaisit au-dessus de la hanche, ce qui d'abord faillit m'ôter la respiration.

» Ce changement de position m'offrit une belle occasion de tuer le tigre et de racheter ma vie. Je le poignardai derrière l'épaule à plusieurs reprises et aussi profondément que la baïonnette pouvait entrer ; il chancela et tomba. Je me croyais maintenant sauvé ; je me levais quand il se releva aussi et essaya de me saisir ; mais il retomba et roula à mes pieds. J'avais, cette fois, l'avantage sur un ennemi à terre et j'en profitai. Je replongeai ma baïonnette dans son flanc ; à en juger par son agonie, je lui avais percé le cœur. »

Le tigre est quelquefois devenu l'exécuteur des hautes œuvres des despotes asiatiques. Le temps n'est pas éloigné où, dans le royaume de Siam, on faisait combattre, contre des tigres, des criminels condamnés à mort. Après avoir frotté de curcuma le corps de ces malheureux, on les revêtait d'une petite camisole jaune, et on les armait d'un poignard.

En 1812, deux hommes furent exposés aux bêtes par ordre du sultan de Yugyukerta. On donna à chacun d'eux un poignard dont la pointe était émoussée, et on ouvrit une cage d'où s'élança un tigre. Le premier des condamnés fut bientôt mis en pièces, mais le second combattit pendant près de deux heures, avec un tel bonheur, qu'il tua le féroce animal en le frappant plusieurs fois sur la tête, dans les yeux et sur les oreilles. On jugea que le

ciel avait ainsi manifesté l'innocence du condamné; non-seulement on lui fit grâce, mais
il fut élevé au rang de *mantri*, pour le conso-
ler des dangers qu'il avait couru.

L'absurde superstition qui consiste à prêter
au tigre la faculté de reconnaître un coupable, et qu'on pourrait appeler l'épreuve du tigre, n'a pas encore disparu.

Stravorinus rapporte un évènement singulier arrivé à un individu condamné à être dévoré par les tigres. Lancé dans la fosse de ces
animaux, cet homme, par un bonheur inouï,
tomba à cheval sur le dos du plus grand tigre.
Probablement effrayé par ce fardeau qui lui
arrivait si singulièrement, le tigre, soudaine-
ment dompté, ne fit pas le moindre mal à
l'homme, et les autres n'osèrent pas l'attaquer.

Le malheureux, qui avait échappé à ce terrible danger, méritait bien la vie; mais le rajah
en avait décidé autrement; plus féroce que le
tigre, il le fit mettre à mort.

Malgré sa férocité, le tigre est susceptible
d'attachement et d'éducation : on voit de ces
animaux apprivoisés vivre en bonne intelligence, non-seulement avec les hommes, mais
encore avec d'autres animaux, tant est grande
l'influence de la volonté et de la patience sur
les natures les plus rebelles!

Il ne faut cependant jamais oublier vis-à-vis

d'eux les mesures de précautions nécessaires ;
ils n'ont fourni que trop de preuves de leur
cruauté, et plus d'un gardien, plus d'un curieux est devenu leur victime. Un tigre, véritablement dompté, est une rare exception.

« Un jeune tigre que l'on transportait en
Angleterre avait, dans le charpentier du bord,
un serviteur qui le soignait, mais aussi qui
le châtiait lorsqu'il se montrait inconvenant.
Par reconnaissance pour les bienfaits, le tigre
se soumettait aux corrections , comme un
chien, et Lorsque, deux ans plus tard, il revit
son ami, non-seulement il le reconnut sur-le-
champ ; mais la joie qu'il témoigna fut si
grande , que le charpentier n'hésita pas à
entrer auprès de lui dans la cage. Il fut reçu
avec toutes sortes de caresses , et ce n'est
qu'au bout de trois heures qu'il parvint à se
séparer de cet ami trop tendre. » (1)

(1) Brehm.

XIII

En Chine

*En Chine. — Les faisans ; differentes variétés. — Le faisan
doré. — Le faisan de lady Amherst. — Un pays bien cul-
tivé. — La fête de l'Agriculture. — Pékin. — La Grande-
Muraille. — Une chasse originale. — Les cormorans pé-
cheurs. — Description des cormorans. — Les cormorans
chasseurs d'hirondelles.*

Après avoir franchi l'Himalaya, que les
Hindous ont déifié et qu'ils appellent le père
du Gange, je me dirige vers l'Est et je sé-
journe quelque temps dans l'empire chinois.
J'aperçois de toutes parts les preuves d'une
industrie éclairée. Les Chinois ont réuni, par
de nombreux canaux, toutes les eaux dont la
nature a si largement doté leur empire. La
longueur de ces rivières, creusées de main
d'homme et assez profondes pour porter de
gros bateaux, excite l'étonnement et l'admiration. Tous les fleuves, tous les canaux sont couverts d'un si grand nombre de bâtiments qu'il
semble que, dans ce pays, l'eau porte autant
d'habitants que la terre.

Les nombreux rubans d'argent qui sont des
filets d'eau, les rochers, les bois, les champs,
les villages qui les bordent tour à tour font de
la Chine un pays merveilleux.

Les ouragans, auxquels l'île de Formose est exposée, étendent souvent leurs ravages sur le continent, où des trombes qui se manifestent quelquefois d'une manière terrible et inopinée, y apportent l'épouvante et la dévastation.

Voisin du tropique, le midi de la Chine éprouve des chaleurs plus fortes que celles du Bengale, mais qui, cependant, sont modérées par l'influence des vents périodiques.

J'avais vu, dans mes longs voyages, des oiseaux au plumage incomparable : c'est en Chine que j'ai rencontré les plus belles variétés de faisans. Plusieurs fois, en Europe, j'avais aperçu le *faisan commun*, le même dont le splendide plumage, aux reflets de pourpre et d'or, avait, sur les bords du Phase, plus d'un siècle avant le siège de Troie, ébloui les intrépides aventuriers connus dans l'histoire sous le nom d'Argonautes. Je m'étais extasiée devant la richesse de son manteau bigarré, quand, poursuivi par le chien du chasseur, il sortait avec bruit de l'épais fourré d'un parc; et je ne pouvais m'imaginer que des oiseaux de la même famille fussent vêtus avec plus de magnificence. C'était douter de la puissance des moyens dont dispose la Providence. Je sais maintenant que la dernière limite n'est jamais atteinte, et que ce qui nous paraît l'idéal du beau est encore perfectible.

Voici, en effet, le *faisan argenté* avec sa huppe d'un noir brillant, son dos blanc traversé de lignes noires disposées en zigzag, sa poitrine et son ventre d'un beau noir, à reflets bleus, ses ailes dont les plumes blanches sont bordées d'un étroit liseré noir, sa longue queue, également blanche et parcourue de raies noires, ses joues nues d'un rouge écarlate, son œil brun, son bec bleuâtre et ses pattes rouges.

Comme contraste, voici le *faisan à collier*, dont le plumage est plus beau, plus riche, plus bigarré que celui du faisan commun et dont le cou est orné d'un beau collier blanc.

Ici, c'est le *faisan versicolore* dont la tête et le haut du cou sont verts, la gorge d'un bleu métallique, le manteau d'un vert noir, les ailes d'un vert bleuâtre, ainsi que la queue.

Le *faisan cuivré* a le corps plus élancé et la queue plus longue que les espèces précédentes ; son plumage est d'un beau rouge cuivré assez uniforme, chaque plume porte un liseré clair ; celles du croupion sont arrondies et bordées de jaune d'or.

Le *faisan vénéré*, nommé aussi *faisan royal*, est caractérisé par une queue très longue ; tout son plumage est excessivement bigarré ; le sommet de la tête, la région auriculaire et son large collier sont d'un blanc pur ; les plumes du manteau et du haut de la poitrine sont d'un jaune doré et portent une bordure noire ; celles de la partie inférieure du corps sont d'un brun noirâtre ; les rémiges sont d'un jaune doré et d'un brun noir ; les rectrices sont gris d'argent marquées de taches rouges, bordées de noir, disposées par séries et entourées d'un large liseré jaune doré : l'œil est rougeâtre. ·

Nous voici en présence d'un splendide oiseau : Le *thaumalépeint* ou *faisan doré*, *faisan à collerette*, diffère des autres oiseaux de ce genre par sa taille relativement petite, son corps élancé, sa huppe touffue, sa queue très longue ; la collerette ou palatine qui s'écarte du cou, s'élargit en avant et n'existe que chez le mâle.

Cuvier a le premier émis l'opinion que le fameux *phénix* des anciens pourrait bien n'être que le faisan doré. Les descriptions légendaires qui nous sont restées ne nous apprennent rien de certain sur ce point ; mais ce que les poètes ont dit du phénix se rapporte tellement au thaumalé peint qu'on ne peut douter qu'ils n'aient eu cet oiseau en vue.

Bien que le faisan doré soit connu depuis longtemps, le spectateur le contemple toujours avec la même admiration. La puissance de l'habitude ne peut émousser le plaisir que cause la vue de son riche plumage, et celui qui voit l'oiseau pour la première fois ne peut en détacher les yeux.

Le thaumalé peint est magnifique et ses couleurs sont aussi belles que son port est élégant.

« Une huppe touffue de plumes un peu ébarbées, d'un jaune doré vif, recouvre la tête et retombe sur la collerette ; celle-ci est formée de plumes rouge-orange, bordées de noir, satin foncé, de façon à former des séries de raies noires parallèles ; les plumes du haut du dos, en grande partie recouvertes par la collerette, sont vert-doré et bordées de noir. il a le bas du dos et les couvertures supérieures des ailes d'un jaune vif; la face, le menton, les côtés du cou d'un blanc jaunâtre ; la gorge et le ventre rouge-safran vif ; les couvertures des ailes d'un rouge-brun châtain ; les rémiges d'un brun rougeâtre, bordées de roux marron ; les scapulaires d'un bleu foncé, à bords plus clairs ; les plumes de la queue marbrées ou veinées de noir sur fond brunâtre ; les longues et étroites couvertures supérieures de la queue d'un rouge foncé. L'œil est jaune doré, le bec d'un jaune blanchâtre ; les pattes sont brunes. » (1)

Le seul congénère connu du thaumalé peint, le *thaumalé* ou *faisan de lady Amherst,* ne le cède pas en beauté au précédent.

(4) Brehm.

C'est à lord Amherst, ambassadeur anglais en Chine, qu'on doit l'introduction en Europe de ce bel oiseau.

L'iris est blanc, et la partie nue qui entoure les yeux est d'un beau bleu clair. Les plumes du sommet de la tête sont vertes ; celles de la huppe sont cramoisies et n'ont pas moins de six centimètres de longueur. La collerette ou palatine est d'un blanc d'argent éclatant ; chacune des plumes qui la composent est bordée d'un liseré vert-noirâtre. La longueur de cette palatine est de quatorze centimètres.

Le cou, le dos, les épaules, la poitrine et le dessus des ailes sont d'un beau vert métallique, et chacune des plumes se termine par une large zone d'un noir velouté ; les plumes du bas du dos sont d'un jaune doré avec des hachures foncées. Les couvertures supérieures de la queue, d'un rouge clair, sont rayées et tachetées de noir ; le ventre est d'un blanc pur ; les rémiges sont brunâtres avec un liseré externe plus clair ; les rectrices sont tachetées de gris blanc, rayées transversalement de noir et bordées de jaune ; les couvertures latérales de la queue sont allongées en fer de lance, comme chez le faisan doré ; elles sont d'un beau rouge corail.

Beaucoup d'autres oiseaux remarquables par la beauté des formes et l'éclat des couleurs peuplent les montagnes, les collines et les plai-

nes. Les coqs de bruyère et les pigeons fourmillent dans les bois. Les coléoptères et les
papillons revêtent les plus riches parures et
rivalisent de richesse avec les oiseaux.

Partout, dans ce pays, les terres labourables
sont cultivées avec soin ; les montagnes même
les plus escarpées sont rendues praticables et
fertiles. Coupées en terrasses, elles représentent de loin des pyramides immenses divisées
en étages, qui semblent s'élever jusqu'au ciel ;
et je n'étais pas peu étonnée de voir l'eau de
la rivière, du canal ou de la fontaine qui coule
au pied de la montagne, élevée de terrasse en
terrasse jusqu'à son sommet, au moyen de
procédés aussi simples qu'ingénieux.

Au lieu d'être groupées en bourgs ou villages, les habitations des paysans sont partout disséminées ; et, chose étrange, dans ces
contrées où pullulent les animaux féroces, les
maisons n'ont ni clôtures, ni portes.

La Chine est peut-être le pays du monde
où l'agriculture est le plus en honneur ; l'empereur lui-même ne dédaigne pas de mettre
la main à la charrue. J'ai suivi tous les détails d'une fête qui se célèbre avec la plus
grande solennité et pendant laquelle le *fils du
ciel* fait en personne la cérémonie de l'ouverture des terres.

Perchée au sommet d'un de ces édifices
dont l'architecture bizarre diffère tant de celle

de nos monuments d'Europe, je vis arriver le souverain entouré de toute cette pompe magnifique, si chère aux peuples de l'Orient. Accompagné des princes de la famille impériale et d'un nombre infini de mandarins de toute classes, il s'arrêta à l'extrémité d'un champ des deux côtés duquel les officiers de l'armée et les dignitaires de sa maison formaient la haie ; le troisième était occupé par divers mandarins ; le quatrième était réservé à tous les laboureurs de la province, qui accouraient pour voir le premier et le plus utile des arts honoré et pratiqué par le chef du céleste empire.

L'empereur, entré seul dans le champ, se prosterna et appuya neuf fois la tête contre la terre pour adorer le Dieu du ciel : Il prononça à haute voix une prière pour invoquer la bénédiction du grand Etre sur son travail et sur celui de tout son peuple. Ensuite, en qualité de grand pontife, il immola un bœuf qu'il offrit au ciel comme au maître de tous les biens. Pendant que le sacrifice s'accomplissait sur l'autel, on amenait à l'empereur une charrue attelée d'une paire de bœufs superbes, magnifiquement enharnachés ; la charrue elle-même était parfaitement ornée.

Le prince quitta ses vêtements impériaux, saisit le manche de la charrue, et ouvrit plusieurs sillons dans toute l'étendue du champ.

Après lui, les principaux mandarins se livrèrent successivement au même exercice, en rivalisant d'adresse et de promptitude.

La cérémonie se termina par une distribution d'argent et de pièces d'étoffes à tous les laboureurs présents. Alors, les plus habiles d'entre eux exécutèrent le reste du labour en présence de l'empereur et de sa suite.

Le climat de la Chine varie suivant les latitudes ; le sol, d'une fertilité extraordinaire, produit en abondance toutes les plantes tropicales : Le thé et le riz, le bambou, le coton et la canne à sucre, le poivre, le tabac et le bétel sont des sources de richesses.

Pékin, la ville principale de la Chine, s'élève dans une vaste plaine à quatre-vingts kilomètres de la grande muraille qui protège l'empire contre les incursions des barbares nomades.

Cette capitale se divise en deux villes : La ville tartare, qui renferme le palais de l'empereur, forme avec la ville chinoise un ensemble de forme irrégulière et de vingt-quatre kilomètres de circuit. Les murs de Pékin ont cinquante coudées de hauteur et cachent la ville à tous les yeux qui ne peuvent, comme ceux de l'hirondelle, l'observer des régions élevées. Les portes ne sont embellies ni de statues, ni de sculptures ; mais leurs dimensions prodigieuses leur donne, à une certaine distance, un aspect imposant de grandeur et de noblesse. Certaines rues ont quarante mètres de large, et quatre kilomètres de longueur ; elles sont aérées, claires et gaies. La magnificence du palais impérial consiste moins dans l'élégance de son architecture que dans la multitude de ses bâtiments, de ses cours et de ses jardins. Ses murs renferment les habitations des officiers de la cour, et d'une grande quantité d'artisans, tous au service de l'empereur. Le palais a plus de quatre kilomètres de circonférence ; la façade brille de peintures, de dorures, de vernis ; on dit que les meubles et les ornements de l'intérieur offrent ce que la Chine, l'Inde et l'Europe ont de plus magnifique.

Les jardins renferment un vaste terrain sur lequel s'élèvent, de distance en distance, de petites montagnes séparées les unes des autres par des vallées arrosées de canaux. Toutes ces eaux, en se réunissant, forment des lacs et de grands étangs, constamment sillonnés par des barques magnifiques, et dont les bords sont ornés d'une suite de constructions variées. Au milieu d'un lac, qui a plus de deux kilomètres de diamètre, s'élève une île rocailleuse couronnée d'un superbe palais. Les montagnes et les collines sont chargées d'arbres et d'arbustes aux fleurs aromatiques ; les canaux sont bordés de rochers disposés avec tant d'art qu'ils imitent ce que la nature produit de plus sauvage et de plus mouvementé. Sur le sommet des montagnes les plus hautes croissent de grands arbres qui environnent des pavillons et des kiosques consacrés à la retraite ou au plaisir.

Les lacs sont remarquables par la quantité de nénuphars qu'on y trouve, et dont les fleurs violettes, blanches, panachées, s'épanouissent au-dessus de l'eau sur laquelle flottent leurs larges feuilles.

Je plane maintenant au-dessus de la Grande-Muraille : Tout ce que l'œil peut embrasser de cette barrière fortifiée, prolongée sur la chaîne des montagnes et sur les sommets les plus élevés, descendant dans les plus profondes vallées, traversant les rivières par des arches qui la soutiennent, doublée, triplée en plusieurs endroits, pour rendre les passages plus difficiles, et ayant des tours ou de forts bastions, à peu près de cent pas en cent pas; tout cela présente l'idée d'une entreprise d'une grandeur étonnante, bien faite pour remplir de stupéfaction un faible oiseau.

Ce qui cause ma surprise et mon admiration, c'est l'extrême difficulté de concevoir comment on a pu porter des matériaux et bâtir des murs dans des endroits qui semblent inaccessibles. L'une des montagnes les plus élevées, sur lesquelles se prolonge la Grande-

Muraille, a cinq mille deux cent vingt-cinq pieds de hauteur.

Cette espèce de fortification a, dit-on, quinze cents milles de long. Cette étendue était celle des frontières qui séparaient les Chinois civilisés de diverses tribus de Tartares vagabonds... Mais, aujourd'hui, ce n'est point de ces sortes de barrières que peut dépendre la sécurité des nations.

Plusieurs des moindres ouvrages en dedans de ces grands remparts cèdent aux efforts du temps et commencent à tomber en ruines; d'autres ont été réparés; mais la muraille principale paraît, presque partout, avoir été bâtie avec tant de soins. et d'habileté que, sans qu'on n'ait jamais eu besoin d'y toucher, elle se conserve entière depuis environ deux mille ans, et elle paraît encore aussi peu susceptible de dégradation que les boulevards de rochers que la nature a élevés, elle-même, entre la Chine et la Tartarie.

C'est en Chine que j'ai vu faire, aux canards sauvages et aux autres oiseaux aquatiques, la chasse la plus singulière : Les chasseurs laissent, pendant plusieurs jours, flotter sur l'eau des jarres vides et de grandes calebasses; et les oiseaux se sont si promptement habitués à cette vue, qu'ils viennent barboter autour de ces flotteurs. Lorsque leur sécurité paraît bien complète, les chasseurs entrent dans l'eau, se coiffent de ces vases perfides, s'avancent doucement. Tirant par les pattes l'oiseau dont ils ont pu s'approcher, ils l'étouffent sous l'eau et continuent sans bruit cette destruction facile jusqu'à ce que chacun d'eux ait rempli de victimes le sac dont il est muni.

Non moins curieuse est la pêche faite à l'aide de *cormorans* dressés : Le pêcheur se tient sur un radeau de bambou qu'il met en mouvement à l'aide d'une rame. Quand les cormorans doivent pêcher, il les jette à l'eau, et, quand ils ne plongent pas, il frappe l'eau de sa rame jusqu'à ce que les oiseaux aient disparu. Dès que le cormoran a saisi un poisson, il reparaît à la surface dans l'intention de l'avaler ; mais un fil ou un anneau de métal qui lui entoure le cou l'empêche de satisfaire sa gourmandise ; et, bon gré mal gré, il regagne le radeau. Le pêcheur se hâte pour ne pas laisser échapper la proie ; car parfois lorsque l'oiseau a affaire à un grand poisson, il s'élève un véritable combat entre le cormoran et sa victime. Lorsqu'il est assez rapproché, le pêcheur lance sur son cormoran une espèce de filet assujetti à une perche, l'attire ainsi sur le radeau, lui prend son poisson, et, après avoir desserré l'anneau qui l'empêche d'avaler, lui donne quelque nourriture pour récompense.

Les cormorans en liberté habitent les grands

cours d'eau et les fleuves entourés de forêts où l'homme ne peut venir les tourmenter. Ces oiseaux, appelés vulgairement *corbeaux de mer*, atteignent jusqu'à un mètre soixante-dix centimètres d'envergure. Ils ont le dessus de la tête, du cou, la poitrine, le ventre et la partie inférieure du dos vert noirâtre à reflets métalliques ; le haut du dos, le dessus des ailes sont bruns à reflets bronzés ; le bec, jaune à la base, est noir dans le reste de son étendue ; les pieds palmés sont noirs.

Le matin, les cormorans pêchent avec ardeur ; pendant l'après-midi, ils se reposent et digèrent. Sur le continent, ils choisissent, pour passer la nuit, les grands arbres qui se trouvent sur les îles des fleuves ou des lacs, et sur lesquels, plus tard, ils établissent leurs nids ; en mer, ils préfèrent les îles rocheuses qui leur permettent de voir de tous côtés et dont l'accès leur est facile. Rangés en file, comme des troupes de soldats, les cormorans sont assis sur les pointes des rochers, dans un ordre pittoresque, tous tournés dans la même direction.

On ne tolère guère les cormorans dans les cours d'eau du continent où ils auraient promptement détruit tout le poisson des rivières et des lacs. Ces oiseaux voraces s'exercent à la chasse des hirondelles ; et j'ai vu plus d'une de mes compagnes disparaître dans leur bec redoutable. Ils s'enfoncent le corps dans l'eau, la tête rejetée en arrière, le bec ouvert, guettant les hirondelles qui voltigent çà et là, sans défiance, quêtant des insectes ou se baignant. Au moment favorable, ils détendent rapidement le cou, saisissent l'imprudente hirondelle, la tuent d'un vigoureux coup de bec et l'avalent en un clin d'œil.

Il nous faut donc, partout et toujours, nous tenir sur nos gardes pour échapper aux dangers multiples qui nous menacent.

XIV

L'Océanie

L'albatros ou vautour des mers. — Un vol puissant. — Pendant l'orage. — Un oiseau vorace. — Gourmandise punie. — Observation intéressante. — L'archipel des Philippines. — Les Tagals. — Combats de coqs. — Le tombeau de Magellan. — Samar. — Séjour délicieux. — Dans les forêts. — Mindanao.

« Toujours plus loin !... » Voilà la devise de la petite hirondelle voyageuse.

Qu'elle est loin, l'Europe ! Et pourrai-je jamais retourner dans ma chère vallée de la Vienne ?...

Après un court séjour dans l'île de Formose, je me dirige vers le sud et je ne tarde pas à atteindre l'île de Luçon ou Manille, la plus grande des Philippines : Je suis en Océanie !

Je viens de rencontrer en mer un oiseau immense, qui n'a pas moins de quatre mètres d'envergure, et auprès duquel je ne suis qu'un moucheron : C'est le *vautour des mers*, le grand *albatros*, auquel aucun autre oiseau ne peut être comparé pour la puissance du vol. Sa taille gigantesque, son corps robuste, son cou gros et court, sa grande tête, son bec acéré, long, fort et puissant, son plumage dur, épais et riche en font un être à part ; et, quand il se montre sur les flots en courroux, on dirait une apparition fantastique.

« C'est un beau spectacle de voir cet oiseau magnifique, plein d'énergie et de grâce, doué d'une force exceptionnelle, voguer dans les airs. C'est à peine si l'on remarque un mouvement des ailes après le premier essor et l'élan qui porte ce puissant oiseau ; on suit son ascension et sa descente, dont les différents mouvements semblent opérés par une même puissance, à laquelle il ne paraît appliquer en rien sa force musculaire. Il frôle presque, en planant, le gouvernail des bateaux, et cela avec une hardiesse incroyable. Quand il voit un objet flotter, il fond sur lui les ailes largement déployées, s'en empare, nage quelque temps, puis se relève, se met à tournoyer et reprend son exploration... Dans ses mouvements l'on ne remarque aucun effort, mais de la force et de l'énergie, réunies à une grâce toujours égale. Il sillonne les airs très gracieusement, se penche d'un côté à l'autre, rase les vagues mouvantes de si près, qu'il semble y mouiller ses ailes ; puis il se remet à planer avec la même liberté et la même facilité d'allures. Son vol est si rapide, qu'on ne l'aperçoit plus que dans un grand lointain, quelques instants après qu'il a passé devant le navire, montant et descendant avec les vagues, et parcourant un immense espace en quelques minutes. » (1)

L'albatros est intéressant à observer par un temps orageux ; tantôt il vole dans la direction du vent, tantôt contre lui ; il paraît heureux au milieu des vagues soulevées par l'ouragan. Quoiqu'il lui arrive quelquefois de se reposer sur les eaux par un temps serein, on le voit plus souvent voler. Par le calme, il flotte avec assurance à la surface des mers ; et, par la plus forte tempête, il s'élance avec la rapidité de la flèche. Il fait entendre des cris perçants, criards ; on a quelquefois comparé sa voix au braiement de l'âne.

La voracité de l'albatros fait taire sa prudence : on le capture facilement avec un hameçon bien amorcé. J'ai vu un de ces oi-

(1) Bennett.

seaux, que sans doute la tempête avait privé
de nourriture pendant plusieurs jours, se laisser prendre jusqu'à six fois de suite. Après
avoir été capturé et relâché de nouveau, il
saisissait encore de son bec ensanglanté l'ap-
pât qu'on lui présentait.

Quoiqu'un bateau puisse faire plus de deux
milles à l'heure avec un vent favorable, et
qu'il en fasse autant tous les jours, l'albatros
n'éprouve pas la moindre peine à le suivre,
tout en se livrant à des évolutions de plusieurs lieues, et toujours il revient dans le
sillage du bateau pour attraper ce que l'on
jette par-dessus bord.

Tschudi fit enduire de goudron la tête, le
cou et la poitrine d'un albatros dont on s'était
emparé à bord du navire qu'il montait, puis
il lui rendit la liberté.

« L'oiseau s'éloigna aussitôt, dit-il, mais
reparut après trois quarts d'heure, au milieu
d'oiseaux de son espèce et de pétrels qui suivaient constamment le navire. Je lui accordai
toute mon attention, et, à ma prière, l'officier
de quart voulut bien l'observer aussi. Nos observations communes nous autorisèrent à cons-
tater que l'oiseau que nous avions marqué
suivit, six jours pleins, le bâtiment et ne disparut de notre horizon que quatre fois pendant
ce temps, et jamais pour plus d'une heure.
Le septième jour, au matin, il partit au large,

et dès lors nous ne le revîmes plus. On peut admettre avec certitude qu'il suivit le bâtiment pendant la nuit, car nous l'observâmes, après le coucher du soleil, aussi longtemps qu'il nous fut possible de le distinguer, et l'officier le vit volant sans fatigue, à la première ronde du matin. Pendant ces six jours le navire fila quatre nœuds et demi en moyenne. »

C'est sa voracité insatiable qui pousse l'albatros à parcourir des espaces aussi étendus, et à passer une grande partie de son existence dans les airs. On peut dire de cet oiseau qu'il ne paraît vivre que pour manger.

L'archipel des Philippines fut découvert en 1521, par Magellan, qui donna à ce groupe d'îles le nom d'Archipel Saint-Lazare. Les chaînes de montagnes qui traversent ces îles dans tous les sens sont remplies de volcan ; le terrain est coupé par d'innombrables torrents, et on y trouve un grand nombre de marais, de tourbières et de lacs. Dans les sécheresses, ce sol bourbeux et spongieux se gerce de toutes parts ; les tremblements de terre y causent d'épouvantables ravages. Dans la saison des pluies, ce sont des inondations générales et des ouragans terribles.

La chaleur et l'humidité rendent ces îles très fertiles ; les vallées et les montagnes jouissent toute l'année d'une verdure perpétuelle ; les arbres ne sont jamais privés de feuilles, les campagnes sont toujours émaillées de fleurs, et souvent, le même arbre porte, en même temps, des fleurs et des fruits. Le riz, le froment, le cacao, la canne à sucre, le tabac y réussissent très bien ; les orangers et les citronniers y abondent et les fruits en sont excellents. Parmi les végétaux indigènes les plus remarquables sont le cotonnier, le manguier, le bambou, le bananier, l'ananas, le gingimbre, le poivre, le cassier. Les forêts abritent de grandes quantités de cerfs et de daims ; les caïmans infestent les rivières et les marécages ; des serpents redoutables portent des venins qui tuent en un instant.

Les habitants de la principale tribu de l'île de Luçon, les Tagals, vivent dans une abondance et une tranquillité qui rappelle l'âge d'or ; leur charité mutuelle permet souvent aux paresseux de s'abstenir de tout travail. Et pourtant, ce peuple si bon, si humain, si généreux, se fait remarquer par son amour effréné pour les jeux de hasard et les paris. Est-il possible que ces figures si graves découvrent par moment les passions les plus violentes?...

Voyez-vous ce Tagal, portant sous le bras un superbe coq qui ne le quitte jamais et reçoit constamment ses caresses? il le préfère certainement à sa femme et à ses enfants ; mais aussi, c'est de la force du courageux oiseau qu'il attend le gain de ses nombreux paris et une abondance momentanée.

Les combats de coqs sont pour les habitants de Manille ce que sont les courses de tauraux pour les Espagnols, une distraction qu'ils aiment avec fureur. Les deux gouvernements les ont également soumis à leur autorisation, non pour rendre plus rares ces spectacles qui entretiennent chez le peuple le goût du sang, mais pour les soumettre à des droits excessifs, et pour faire servir cette passion populaire à l'augmentation de leurs revenus.

Des endroits sont désignés pour ces combats de coqs : C'est là, qu'au prix de leur sang, et souvent de leur vie, ces intrépides animaux viennent défendre les intérêts de leurs maîtres. Avant le combat, des arbitres, choisis parmi les spectateurs qui entourent une petite arène couverte de sable fin, décident si les combattants sont à peu près égaux en force. La question résolue, de petites lames d'acier, longues, étroites, d'une trempe excellente, arment la patte gauche de chacun des gladiateurs emplumés, que les caresses et les exhortations intéressées de leurs propriétaires excitent au combat.

Pendant ces préparatifs, les paris ont lieu, l'argent est déposé ; et, enfin, le signal est donné : Les deux coqs se précipitent à la rencontre l'un de l'autre, leurs yeux brillent, les plumes de leur tête sont hérissées et éprouvent un frémissement qui fait trembler leur belle crête écarlate. C'est alors que l'animal le mieux dressé déploie tous ses avantages, et oppose l'adresse à la force aveugle et au courage inconsidéré de son ennemi. Les deux rivaux dédaignent les coups de bec ; ils savent combien est dangereux le poignard dont leur pattes sont armées ; ils les portent toujours en avant en s'élançant au-dessus du sol.

Il est rare que le combat dure longtemps : un des champions ne tarde pas à tomber sur l'arène, le corps ouvert par une large blessure ; il expire sur le sable et devient la propriété du maître de son vainqueur. Celui-ci, presque toujours blessé lui-même, ne chante pas sa victoire : Emporté loin de l'arène, il est comblé de soins, et reparaît au combat quelques jours après, plus fier encore qu'auparavant, jusqu'à ce que le fatal coup d'éperon d'un heureux rival vienne terminer sa vie glorieuse et ruiner les espérances de son maître.

Quelquefois les combattants tiennent la victoire en suspens et s'arrêtent pour reprendre haleine ; le vin chaud aromatisé leur est prodigué pendant que chaque parti compte leurs blessures et calcule ses chances de succès. Après quelques courts instants de repos, le combat recommence avec une nouvelle fureur, et ne finit que par la mort d'un des champions.

Lorsqu'un des combattants, craignant la mort ou reconnaissant la supériorité de son adversaire, abandonne le champ de bataille, il est ramené deux fois au combat. Si les encouragements de son maître ne peuvent ranimer son courage, les paris sont perdus, et le coq, déshonoré, va le plus souvent expier sa lâcheté sous l'ignominieux couteau de la cuisinière.

J'avais hâte de me détourner de ces scènes d'horreur que la stupide obéissance de certains animaux favorise, et je repris mon vol à travers l'archipel : Voici la petite île de Mactan où tomba l'intrépide et célèbre Magellan.

Tout à fait à l'Est, voici Samar, l'une des plus belles et des plus fertiles de tout l'archipel. Les forêts abondent en oiseaux de toutes sortes ; le roucoulement des tourterelles se fait constamment entendre sous le couvert des grands bois. Une multitude de loris, gracieux petits singes grands comme des écureuils, grimpent avec lenteur le long des branches et témoignent de leur amitié réciproque en s'embrassant tendrement ; de jolies perruches, grosses comme des linotes, se balancent à l'extrémité des rameaux flexibles et remplissent l'air de leurs cris assourdissants. Les abeilles sauvages suspendent aux branches des figuiers leurs innombrables ruches, remplies de miel parfumé. Çà et là, le moindre vent balance les nids des oiseaux-mouches dont les petits propriétaires bourdonnent autour des fleurs dans lesquelles ils plongent leur langue effilée.

J'arrive à Mindanao, la seconde en importance du groupe des Philippines : Partout, ce ne sont que golfes et presqu'îles, ruisseaux ou fontaines, rivières navigables qui abondent en poissons. La vigne y prend des proportions prodigieuses et ne souffre aucune espèce de culture ; ses longs rameaux s'élancent jusqu'aux cimes les plus hautes des arbres les plus élevés.

Puis je parcours le groupe de Soulou, l'une des parties les plus intéressantes de cette partie du monde : Des fruits parfumés, des fleurs magnifiques, des milliers de plantes inconnues, des arbres énormes, des lianes gigantesques, de grands éléphants, de petits cerfs, des sangliers et des porcs sauvages, des oiseaux au brillant plumage s'offrent de toutes parts à ma vue. Je suis encore sous le charme de toutes ces splendeurs naturelles dont la plupart resteront longtemps inconnues à l'homme, lorsque mon aile fatiguée se replie à Bornéo.

XV

D'île en île

Bornéo, la plus grande île connue, après la Nouvelle-Hollande, recèle en abondance des diamants et de l'or que les Européens avides viennent exploiter malgré l'insalubrité du climat. Les forêts qui couvrent son sol contiennent des arbres d'une hauteur prodigieuse qui fournissent d'excellents bois de construction. Dans quelques montagnes, on trouve des bosquets de muscadiers et de girofliers ; le camphrier y croît dans toute sa perfection à côté du beau sapin qui produit la résine odoriférante, connue sous le nom de benjoin ; le poivre, le gingembre, le coton se rencontrent dans presque toute l'île.

C'est à la lisière d'une des sombres forêts de Bornéo que j'ai aperçu *l'argus géant*, oiseau d'une beauté singulière, qu'il est presque impossible de garder en captivité. Le plumage de cet oiseau est remarquable, moins

par la vivacité des teintes que par l'élégance
du dessin. Il porte au front des plumes courtes d'un noir de velours ; les plumes du cou
et du haut du dos sont rayées ou semées de
taches d'un jaune clair ; celles du ventre sont
d'un brun roux moirées de noir et de jaune.
Les barbes externes des rémiges internes sont
couvertes de taches allongées d'un brun foncé,
entourées d'un cercle clair, et disposées en
rangs serrés sur un fond gris-rougeâtre ; les
longues plumes supérieures de l'aile sont d'un
beau brun-roux foncé, parcourues de raies
noires d'un rougeâtre clair, enfermant entre
elles des séries de points brun-rouge, entourées d'un cercle foncé, parsemées de taches et
de lignes jaunâtres, de réseaux rougeâtres,
et de grande taches en forme d'yeux, brillantes, entourées d'un cercle foncé et d'un liseré
clair. Ces yeux, situés près de la tige, sur
les barbes externes, rappellent la teinte du
bronze antique. Les grandes plumes noires de
la queue ont un mètre vingt centimètres de
longueur ; elles sont marquées de petites taches blanches entourées d'un cercle foncé.
L'oiseau est de la grosseur d'un dindon

Est-ce un homme ou un singe cet être singulier que j'aperçois appuyé contre le tronc
d'un palmier?... Il a de l'homme l'attitude,
l'aspect, les allures, mais c'est un singe ; c'est
le fameux *orang-outang*, *l'homme des bois*,

connu depuis la plus haute antiquité. C'est un de ces *satyres*, « de ces animaux très méchants, à face humaine, marchant tantôt debout, tantôt sur les quatre pattes, et que la grande rapidité de leur course empêche d'être pris autrement que quand ils sont malades ou très vieux. » (1)

Bontius, qui a vécu à Java, parle de ces orangs-outangs « qui marchaient debout et se démenaient comme des hommes. Une femelle surtout se distinguait d'une manière extraordinaire. Elle était honteuse devant les hommes qu'elle ne connaissaient pas et se cachait alors la face ; elle soupirait, pleurait et imitait toutes les actions de l'homme, au point que la parole seul lui manquaitpour être une créature humaine. »

Il y a là, évidemment, beaucoup d'exagération.

Les Javanais prétendent que ces singes pourraient bien parler, mais qu'ils ne le veulent pas, pour ne pas être forcés de travailler.

L'orang-outang de l'Asie se distingue de celui d'Afrique par la longueur considérable de ses bras, et par la forme pyramidale ou conique de sa tête, à museau saillant, qui enlève à ces animaux toute conformité avec l'homme, lorsqu'ils deviennent vieux.

(1) Pline.

Lorsque l'orang-outang est jeune, son crâne ressemble au plus haut degré à celui d'un enfant, mais il se modifie peu à peu avec l'âge. Cet animal atteint quatre pieds de hauteur ; son corps est large dans la région des reins, le ventre est saillant, le cou est court et forme des plis sur le devant ; ses membres sont terminés par de longues mains et de longs doigts. La face est caractéristique : les canines font saillie au milieu de ses puissantes dents ; la mâchoire inférieure est plus longue que la mâchoire supérieure ; les lèvres sont ridées et fortement gonflées ; le nez est aplati ; les yeux et les oreilles sont petits, mais de la même forme que ceux de l'homme. Les poils, rares sur le dos et sur la poitrine, sont longs et plus fourrés sur les côtés du corps ; ceux de la figure encadrent le visage et forment barbe.

L'orang-outang recherche les grandes forêts où il peut vivre à l'abri des persécutions de l'homme, son ennemi mortel. Il a disparu de toutes les contrées habitées où on le trouvait autrefois.

Déjà, dans leur jeune âge, ces singes sont calmes ; avec l'âge, ils deviennent lourds et paresseux ; ils grimpent lourdement et avec prudence. Ils trouvent sur la cime des arbres tout ce qui leur est nécessaire, des fruits, des bourgeons, des fleurs, des feuilles, des graines, des écorces, des insectes et des œufs d'oiseaux qui forment leur nourriture.

Ils recherchent de préférence, pour y passer la nuit, les parties basses des forêts vierges, et choisissent les cimes les plus touffues pour être protégés contre la pluie et le vent. Ils se construisent une espèce de nid à cinq ou six mètres au-dessus du sol ; cet abri qui ressemble à l'aire d'un grand oiseau de proie est composé de branches épaisses cassées en morceaux ou simplement courbées, de petits rameaux garnis de feuilles desséchées et d'herbes.

Lorsque les orangs-outangs sont vivement poursuivis et qu'un grand danger les menace, ils cherchent un refuge sur la cime des arbres les plus élevés ; ils se cachent dans l'épaisseur du feuillage ou derrière quelque grosse branche. S'ils ne se sentent pas en sûreté, ils se sauvent de cime en cime, mais leur fuite n'est pas très rapide ; ils ne s'éloignent qu'avec une prudence calculée.

Les cavernes et les rochers qui forment à Bornéo une ceinture, abritent une multitude de nids de salanganes.

Je franchis le détroit de Macassar et j'ai devant moi la grande île de Célèbes où les chaleurs sont tempérées par les pluies abondantes et les vents frais. Des flammes qui, en plusieurs endroits s'élevaient à une très grande hauteur, m'indiquèrent que cette île renferme plusieurs volcans en éruption.

Les côtes élevées, coupées de vallées partout verdoyantes, offrent à l'œil les plus riants tableaux : Des rivières nombreuses, se précipitant au pied des rocs énormes, viennent, en bouillonnant, tomber avec fracas au milieu des groupes majestueux des arbres les plus pittoresques.

C'est à Célèbes qu'on trouve les plantes les plus vénéneuses, notamment le fameux *upas* (poison), dans le suc duquel les Macassars trempent la pointe de leurs poignards dont les blessures sont toujours mortelles.

A côté de ces arbres de mort, la nature a placé les girofliers et les muscadiers ; l'ébénier, le sandal et le calambac, dont on exporte les bois précieux ; le sagoutier, dont la moelle constitue une excellente nourriture ; l'arbre à pain et beaucoup d'autres arbres fruitiers.

Si les forêts de cette île ne renferment ni tigres, ni éléphants, on y rencontre une grande quantité de cerfs, de sangliers, et un nombre infini de singes très forts et très féroces, dont les principaux ennemis sont des serpents énormes qui en détruisent beaucoup.

Je visite maintenant l'archipel des Moluques, qui porte les caractères les plus évidents d'une terre bouleversée par quelque révolution violente : Partout on y voit des îles singulière-

ment coupées et rompues, des pics énormes
qui s'élancent tout à coup d'une mer profonde, des rochers entassés à des hauteurs incal-
culables ; enfin, comme à Célèbes, un grand
nombre de volcans dont quelques-uns sont
éteints, mais dont les autres portent jusqu'aux
nues leurs flammes blafardes. Les tremblements de terre, fréquents dans ces parages,
rendent la navigation périlleuse. Le sagoutier, l'arbre à pain, le cocotier et tous les arbres fruitiers de l'Inde réussissent admirablement dans ces îles ; mais, c'est là surtout que
les arbres à épices donnent les produits extraordinaires qui depuis si longtemps ont at-
tiré l'attention des Européens.

Le giroflier s'élève jusqu'à plus de quinze
mètres de hauteur et étend au loin ses branches garnies de feuilles pointues ressemblant
un peu à celles du laurier : Ce sont les bou-
tons à fleurs de cet arbre qui constituent l'é-
pice connue des hommes sous le nom de *clou
de girofle*. Le muscadier, dont les feuilles
diffèrent peu de celles de l'espèce précédente,
atteint aussi des dimensions considérables.

Je vole d'île en île ; ici les stations sont rap-
prochées, et je puis souvent replier mes ailes.
Voici Gilolo, dont la forme irrégulière rappelle Célèbes et dans laquelle abondent les
buffles, les chèvres, les daims, les sangliers.
Un peu au nord, c'est Mortay, qui compte peu

d'habitants et dont le sol est couvert de sagoutiers.

Revenant à l'Ouest, je rencontre Ternate couverte de montagnes dont les sommets vont se perdre dans les nuages. Les oiseaux y sont nombreux et d'une rare beauté ; on remarque particulièrement l'admirable martin-pêcheur, coloré de rouge et de bleu d'azur que les naturels appellent *déesse*.

Tout auprès, c'est Tidor et plusieurs autres petites îles, puis Batchiam, dont les côtes possèdent des rocs de corail d'une beauté incomparable et d'une variété infinie.

Voici Bouro, qui semble surgir tout à coup d'une mer profonde et paraît entourée d'une muraille : Nulle part les mousses et les lichens acquièrent plus de développements ; ils forment, autour des sources, des amoncellements qui ressemblent à des autels de verdure.

Céram, traversée par plusieurs chaînes de montagnes, fourmille d'oiseaux : Les indigènes, peu vêtus, s'attachent sur la tête, les épaules et les genoux des bouquets de feuilles de palmier et de fleurs. Pour surprendre leurs victimes, ils se placent en embuscade dans les bois, se couvrent de mousse et prennent dans les mains des branches d'arbres qu'ils agitent d'une manière si naturelle qu'on croirait voir des arbres véritables ; ils laissent passer l'ennemi, l'assassinent par derrière et s'enfuient rapidement, non sans avoir coupé la tête qu'ils emportent comme un trophée dans leur village où ils sont reçus en triomphe.

Voici Amboine, arrosée par de nombreux ruisseaux et embellie par de précieuses cultures. Dans ses forêts solitaires dont le soleil perce difficilement l'épais feuillage, on remarque le vif éclat des couleurs de plusieurs espèces de plantes parasites fixées sur de gros troncs d'arbres ; on voit, dans les endroits moins fourrés, le *cussonia* aux larges feuilles palmées, le *henné*, en usage dans tout l'Orient ; des jasmins à l'odeur suave, des mangliers, des aloës, des tournesols bigarrés. La mer est peuplée de coquillages brillants, de poissons bizarres, de crabes monstrueux.

Le petit groupe volcanique de Banda tire son nom de l'île principale qu'on appelle aussi Lantor ; on y cultive principalement le muscadier.

Partout, dans ces îles, j'ai retrouvé des salanganes ; mais j'ai rencontré aussi un autre oiseau de ma famille, la gracieuse petite *hirondelle ariel*, qui ne mesure pas plus de huit centimètres de longueur totale, et dont voici le portrait :

Son dos est bleu foncé, sa tête roux-marron, son croupion blanc-jaunâtre tirant sur le brun. Son ventre est blanc, ses flancs sont

marbrés de roux-de-rouille ; sa gorge est fine-
ment rayée de noir ; elle a les ailes et la queue
d'un brun foncé, l'œil brun-noir, le bec noir.

Ma nouvelle petite amie a absolument les
mêmes habitudes et les mêmes mœurs que
l'hirondelle de fenêtre. Elle niche par colonie,
et n'établit pas toujours son nid sous les toits
des maisons, mais aussi le long des parois des
rochers, partout où elle trouve un endroit
convenable et abrité ; elle recherche le voisinage de l'eau.

Son nid est caractérisé par la présence d'un
long couloir d'entrée en forme de col de bouteille. Ces petites demeures sont groupées,
sans ordre apparent, quelquefois au nombre
de plus de cinquante, les unes à côté des autres. Tous les membres de la colonie travaillent
en commun à la construction des nids. J'ai
vu cinq ou six ariels occupées à bâtir un seul
nid, ou du moins apportant de la terre à la femelle qui le construisait. Le couloir d'entrée
se dirige tantôt en haut, tantôt en bas, tantôt
sur l'un ou sur l'autre côté. La forme de ces
nids diffère essentiellement de celle des espèces européennes.

Plus d'une surprise nous est encore réser-
vée dans la Nouvelle-Guinée et en Australie.

XVI

La Terre de Papous

La Nouvelle-Guinée ; ses habitants. — Le plus gros des pigeons. — Le goura couronné. — Le goura de Victoria. — Le casoar à casque. — Un oiseau sauvage. — Description du casoar. — Les oiseaux de paradis. — Fables invraisemblables. — Un oiseau sans pattes. — Le paradisier papouan. — Le paradisier rouge. — La chasse aux paradisiers. — Encore l'hirondelle ariel.

La Nouvelle-Guinée ou Papouasie, terre de Papous, peut être considérée comme le dernier anneau de la longue chaîne d'îles qui relie l'ancien continent à la Nouvelle-Hollande.

Les côtes sont généralement élevées; dans l'intérieur, les montagnes semblent entassées sur les montagnes; des cataractes roulent en bondissant, de rochers en rochers; et on aperçoit, à plusieurs lieues de distance, leurs flots écumeux qui semblent s'engloutir dans les vallées. Toutes les hauteurs sont couronnées d'une riche végétation; les rivages sont couverts de cocotiers; on est frappé d'étonnement et d'admiration à la vue d'un si beau pays. Pourquoi faut-il que les habitants de cette terre privilégiée soient encore plongés dans l'ignorance et la barbarie?... Il y a, dans l'intérieur, une race d'hommes, les Alfourous, qui vivent dans des creux d'arbres ; ils montent dans leur repaire au moyen d'un morceau de bois entaillé qu'ils tirent après eux crainte de surprise. La grande masse des habitants paraît composée de nègres océaniens, robustes, grands, d'un noir luisant. Ils ont la peau rude, les yeux grands, la bouche extrêmement fendue, le nez écrasé, les cheveux crépus, rudes et d'un noir brillant. L'aspect de ces hommes est effrayant et hideux. Ils ramassent leurs cheveux au sommet de la tête, en une touffe énorme, qui a quelquefois un mètre de tour ; ils ornent cette coiffure de plumes d'oiseaux de paradis, et se suspendent au cou de longs colliers formés de défenses de sangliers. Les habitations sont, la plupart, construites dans l'eau et portées sur un échafaudage.

Mais je vais vous entretenir des oiseaux véritablement merveilleux que j'ai rencontrés dans la Nouvelle-Guinée. L'absence des carnassiers, la rareté des oiseaux de proie et des grands reptiles, ont permis à un grand nombre d'espèces de se multiplier là en sécurité.

Le *goura couronné* et le *goura de victoria* sont les plus grands et les plus beaux de tous les pigeons ; leur taille atteint et même dépasse celle d'une poule. Ils portent sur la tête une superbe huppe, formée de plumes soyeuses disposées en éventail qu'ils peuvent relever ou abaisser à volonté ; ils ont le corps lourd, les ailes et la queue arrondies.

Ces oiseaux passent tout leur temps par terre ; je les voyais courir dans la forêt pour recueillir les fruits tombés des arbres, dont ils font leur nourriture. Ils ne volent que lorsqu'on les effraye ; ils vont alors se percher sur quelques basses branches où ils s'établissent également pour dormir.

Le nid est composé de branches grossièrement entrelacées, et ne renferme ordinairement que deux petits.

Voici encore un oiseau qu'il est difficile d'observer en liberté : Le *casoar à casque*, presque de la taille d'une autruche, habite les forêts épaisses, et disparaît aux regards à la moindre apparence du danger. Il est noir avec la face d'un bleu vert et le derrière de la tête entièrement vert ; il a le cou violet en avant, rouge en arrière, l'œil brun-rouge, le bec noir et les pattes jaunâtres.

« En 1597, raconte Clusius, des Hollandais, de retour des Indes orientales, amenèrent à Amsterdam un oiseau singulier qu'on n'avait pas encore vu en Europe. Il avait été trouvé à Banda, l'une des Moluques, et les indigènes le nommaient *émeu*. Le prince de la ville de Lydajo, à Java, l'avait donné à un capitaine de vaisseau. On le montra à Amsterdam pendant plusieurs mois, pour de l'argent, après quoi le comte de Salms en devint possesseur et le garda longtemps à La Haye ; il fut donné à l'électeur palatin, Ernest de Cologne, et, par celui-ci, à l'empereur Rodolphe II : C'était un *casoar*. »

Les faits prouvent combien il est difficile d'observer cet oiseau en liberté. Il n'est pas rare à la Nouvelle-Guinée, mais plusieurs naturalistes, qui ont séjourné assez longtemps dans le pays, n'ont jamais trouvé l'occasion de voir un seul casoar. Ceux que l'on apporte en Europe ont été pris jeunes et élevés par les indigènes ; leur naturel s'est tellement modifié, au contact de l'homme, qu'ils sont généralement privés, doux et confiants ; on ne reconnaît plus chez eux cette sauvagerie qui, dans leurs forêts, les tient constamment éloignés.

Ce n'est pas moi qui les blâmerai d'être toujours sur leurs gardes et de fuir le danger. On sait que la perte de la liberté est le moindre des sévices exercés par l'homme sur les animaux qu'il capture.

Les indigènes assurent qu'il est impossible de prendre de vieux casoars, tant ils sont craintifs et défiants ; ils fuient au moindre bruit, et, grâce à la rapidité de leur course, ils atteignent bien vite des fourrés qui, pour l'homme, sont complètement impénétrables. Ce n'est que dans les premiers jours qui suivent l'éclosion qu'on parvient à s'emparer des jeunes.

La démarche du casoar diffère essentiellement de celle de l'autruche : il trotte le corps horizontal, les longues plumes du croupion relevées, ce qui le fait paraître plus haut du derrière que de l'avant. Ses pas sont ordinairement lents et mesurés, mais, quand il veut fuir, il déploie une vitesse surprenante, se détournant très facilement, et bondissant jusqu'à plus d'un mètre cinquante centimètres de hauteur. Sa voix ordinaire, signe de satisfaction et de contentement, peut se rendre par : *hou! hou! hou!...* prononcé du fond de la gorge; s'il est irrité, il souffle comme le chat et le hibou.

Il faut se méfier des casoars captifs; toute chose inaccoutumée les excite et les met en fureur; hommes ou animaux sont vivement attaqués; les oiseaux cherchent à les atteindre et à les blesser avec leur bec ou avec leurs pattes. Leurs gardiens ont bientôt appris, par expérience, qu'on ne saurait être trop prudents avec eux. Ils se précipitent surtout sur les individus vêtus d'habits de couleurs voyantes, et deviennent fort dangereux pour les enfants.

Me voici en présence d'un des plus beaux êtres de la création, sur le compte duquel les histoires les plus singulières ont eu cours.

Ce superbe oiseau, connu en Europe depuis plusieurs siècles, y arrivait toujours mutilé. On l'appelait *oiseau de paradis*, et l'on croyait, en effet, qu'une créature si belle provenait du ciel, et n'avait jamais pu vivre sur la terre... Comme on recevait toujours des oiseaux privés de pattes, on admettait qu'ils n'en avaient jamais eu, tant la mutilation que leur faisaient subir les indigènes était parfaitement dissimulée.

A la vue de ce plumage si brillant, si extraordinaire, l'imagination se donnait libre carrière, et les fables les plus invraisemblables étaient inventées pour chercher à expliquer ce qui paraissait inexplicable.

« Encore aujourd'hui, dit un de vos savants, la vue d'un *paradisier* ou *oiseau de paradis*, remplit le vulgaire d'admiration ; on comprend facilement quelle dut être la stupéfaction des gens qui n'avaient jamais quitté le continent européen, lorsqu'en 1522, un compagnon de Magellan arriva à Séville et fit connaître cet oiseau. C'est avec émotion que les naturalistes de l'époque, remplis de zèle et d'ardeur, mais bornés dans leurs moyens, considérèrent cet oiseau : c'était un des grands évènements de leur vie scientifique ; c'était la réalisation d'une espérance longtemps caressée en vain, que de voir enfin une peau mutilée d'oiseau de paradis. Il faut leur pardonner s'ils acceptèrent comme vérité des fables qui trouvèrent créance longtemps encore. On regardait ces oiseaux comme des sylphes aériens, peuplant les airs, accomplissant toutes leurs fonctions en volant, ne se reposant que quelques instants, en se suspendant par leurs longues queues aux branches des arbres. C'étaient des êtres supérieurs qui n'avaient nul besoin de fouler le sol, qui se nourrissaient dans l'éther, ne faisant que humer la rosée du matin.

» C'est en vain que le compagnon de Magellan lui-même déclare que ces oiseaux n'étaient pas dépourvus de pattes, et que plusieurs naturalistes venaient combattre cette erreur ; tout était inutile, le vulgaire restait fidèle à ces croyances poétiques. »

Dans la suite, aucun des voyageurs qui donnèrent des détails sur les oiseaux de paradis, ne sut se mettre complètement à l'abri des préjugés. C'est à Lesson, naturaliste français, qu'on doit les premières indications exactes.

Les paradisiers diffèrent de tous les oiseaux du même ordre par leurs couleurs splendides, leur stature élégante ; ils sont caractérisés par les faisceaux de plumes longues, filiformes, que le mâle porte sur les flancs, et peut étaler et serrer à volonté ; en outre, la queue est pourvue de deux plumes plus longues encore, grêles, aplaties ou tordues.

Plusieurs variétés de ces jolis oiseaux vivent à la Nouvelle-Guinée : Celui qu'on a nommé le *paradisier apode*, pour consacrer le souvenir des anciennes fables , est à peu près de la grosseur d'un choucas ; sa couleur dominante est un beau brun châtain ; son front est d'un noir velouté avec des reflets vert-émeraude ; le sommet de la tête et la partie supérieure du cou sont d'un jaune citron ; la gorge est vert doré ; les longues plumes des côtés sont d'un jaune orange vif et pointillées de rouge-pourpre à leur extrémité.

La variété connue sous le nom de *paradisier papouan* est un peu plus petite que la précédente espèce. Cet oiseau a le dos châtain-clair, avec le ventre d'un brun rouge foncé. Le jaune pâle domine sur la tête, le cou et les côtés ; le front et le bec sont entourés de plumes noires à reflet verdâtre ; la gorge est d'un beau vert émeraude.

Le *paradisier rouge*, à peu près de la taille du précédent, en diffère par une huppe d'un vert doré que l'oiseau peut dresser à volonté. Fauve-grisâtre sur le dos, avec une bande de même couleur en travers de la poitrine qui est d'un beau rouge ainsi que les ailes, il a le pourtour du bec et une tache en arrière de l'œil d'un noir velouté. La gorge est vert-émeraude ; les touffes de plumes des flancs dont l'extrémité est tordue sont d'un rouge carmin brillant. Deux longs brins de la queue sont larges, aplatis, recourbés en dehors et d'un rouge brun.

Les trois espèces se ressemblent beaucoup sous le rapport des habitudes et des mœurs.

Ce sont des oiseaux vifs, remuants, très prudents; on dirait qu'ils comprennent le danger que leur fait courir la richesse de leur splendide livrée; il me paraît, en effet, impossible de les observer dans leur patrie sans être saisi d'enthousiasme. Ils habitent tantôt la côte, tantôt l'intérieur de l'île, suivant l'époque de la maturité des fruits. Leur voix est rauque, mais s'entend d'assez loin; c'est surtout le matin et le soir que leur appel retentit dans la forêt. Le cri du paradisier rouge est moins désagréable que celui des autres espèces : je l'entendais si souvent que j'en ai conclu que l'oiseau devait être très commun.

Dès le lever du soleil, les oiseaux de paradis se mettent en quête des fruits et des insectes dont ils se nourrissent; s'ils passent d'un canton à un autre, ils sont par bandes de trente à quarante individus. Ils crient comme des étourneaux quand ils volent contre le vent, surtout si une forte brise met le désordre dans leur rang. Lorsqu'ils sont surpris par une tempête, ils ont l'instinct de s'élever très haut pour échapper à la tourmente; parfois leurs longues plumes s'embrouillent tellement les unes dans les autres qu'ils ne peuvent plus voler ; ils tombent et restent couchés jusqu'à ce qu'ils se soient un peu remis et qu'ils puissent gagner un arbre voisin.

J'ai vu les indigènes se tenir avec ardeur à la chasse des oiseaux de paradis pour s'emparer de leur dépouille, et voici comment ils procèdent :

Ils choisissent un des arbres les plus élevés ou ces oiseaux ont coutume de venir percher pendant la nuit, et se construisent, parmi les branches, une petite hutte avec des feuilles et des rameaux. Une heure environ avant le coucher du soleil, un habile tireur y monte, armé d'un arc et de flèches : il attend dans un profond silence. Dès que les oiseaux arrivent, il les tire l'un après l'autre, et l'un de ses compagnons, caché au pied de l'arbre, les ramasse.

C'est en observant l'une de ces chasses que j'ai trouvé une nouvelle colonie de mes petites amies les hirondelles ariels ; mais, cette fois, les mignons oiseaux nichaient dans des trous d'arbres, d'où ils sortaient leur jolie tête rousse comme pour me souhaiter la bienvenue.

XVII

En Australie

L'Australie. — Le pays des merveilles et des contrastes. — L'émou ; lieux qu'il préfère. — Trait d'amour maternel. — Un chien battu par un émou. — Alarme subite. — Grand effroi d'un oiseau. — Comment les indigènes chassent l'émou. — Le cygne noir ; description. — Tuerie cruelle. — Le paradis des oiseaux. — Le cacatoës ; son nid. — Oiseaux persécutés. — La chasse aux cacatoës.

Me voici arrivée en Australie, la plus grande île de l'Océanie, qui est aujourd'hui, dans toutes ses parties, une possession anglaise.

L'Australie ou Nouvelle-Hollande, est loin d'avoir été complètement explorée par les Européens. Les côtes seules, découpées d'un grand nombre de golfes, de baies, de havres, de récifs, de canaux et d'îlots arides, sont mieux connues.

Des taillis et des marécages en couvrent une grande étendue ; de nombreuses chaînes de montagnes s'élèvent par étages successifs jusqu'aux limites les plus extrêmes de l'horizon.

Je suis dans le pays des merveilles et des contrastes, et, au risque de passer pour une hirondelle radoteuse, je vous répéterai ce que tous les voyageurs disent de l'Australie :

L'été s'y produit quand on a l'hiver en Europe, et que les hirondelles et les rossignols sont obligés d'en partir; le baromètre s'élève à l'approche des orages et s'abaisse pour annoncer le beau temps; c'est le vent du nord qui apporte la chaleur, tandis que le vent du sud amène le froid.

L'Européen n'est pas peu surpris quand il s'aperçoit que les plus chétives cabanes sont construites en cèdre et les barrières des champs en acajou ; son étonnement n'est pas moins grand lorsqu'il voit le myrte et d'autres bois précieux employés comme combustibles.

Bizarrerie plus grande encore : les cygnes sont noirs et les aigles sont blancs ; un animal d'assez grande taille qui tient de l'écureuil et du daim, saute au moyen de sa queue ; une sorte de taupe porte un bec de canard et pond des œufs ; un poisson, laissé quelquefois par le reflux, sur la grève, bondit comme une grenouille à l'aide de ses nageoires, et regagne l'élément liquide; des poires qui n'ont pas de pulpe, ont la queue attachée à leur gros bout ; des cerises portent leur noyau à l'extérieur, etc.

Je suis en présence d'un oiseau plus grand que le casoar, moins grand que l'autruche, et qui a, comme tout ce qui appartient à l'Australie, un cachet d'originalité.

L'*émou* a le port de l'autruche, mais il est

plus ramassé, a le cou plus court et les jambes moins hautes. Les plumes offrent cette
singularité qu'elles sont doubles, c'est-à-dire
que chacune a deux tiges, excessivement flexibles et pourvues de barbes lâches; elles sont
très longues et étroites.

Si les émous ne sont pas troublés par les
hommes blancs, leurs plus redoutables ennemis, ils sont peu craintifs: on les rencontre
en petites troupes composées de trois à cinq
individus; mais ils ne forment jamais de grandes bandes.

« Partout où il y a de l'herbe et de l'eau,
on entend, au lever et au coucher du soleil,
le cri guttural de l'émou qui rappelle le bruit
du tambour. Dans les parties vierges du continent, il aime à paître sur les vastes plaines
ou sur les collines balsatiques; mais, dans les
lieux fréquentés par les troupeaux de bœufs
et de moutons, les individus, en petit nombre,
qui ont survécu à cette aurore de la civilisation, cherchent les abris des taillis ou des
forêts, prennent leur nourriture dans les ravins et les vallées étroites, donnant toujours
la préférence à la végétation luxuriante des
terrains où ont campé les moutons.

» Comme le chameau, l'émou peut avaler
une grande quantité de liquide, et par une
température moyenne, vivre plusieurs jours
sans renouveler sa provision. Même par les

fortes chaleurs de l'été, j'en ai rencontré dans les lieux éloignés de l'eau, à des distances de quinze à vingt milles. Quant il veut boire, il s'arrête sur la rive pendant quelque temps et regarde avec le plus grand soin s'il n'y a pas d'ennemis; tout à coup il se précipite vers l'eau, en prend une bonne provision, remonte avec promptitude, et, s'il ne voit aucun danger, il se retire tranquillement. » (1

« Je vais, dit Ramel, signaler quelques faits caractéristiques des mœurs de l'émou :

» En 1845, j'eus un merveilleux exemple de son courage maternel. Dans les plaines du bas Galburn, j'aperçus un vieil oiseau entouré d'une douzaine de petits qui avaient à peine atteint la moitié de leur croissance; j'eus le désir de m'emparer de l'un d'eux. Je les avais approchés à peine d'un mille sans qu'ils m'eussent aperçu; mais, dès qu'ils me virent, ils prirent la fuite en très bon ordre, le vieux formant l'arrière-garde.

» J'avais avec moi un grand lévrier pour la chasse au kanguroo; il devança un peu mon cheval pour s'élancer sur un des jeunes. A ce moment, la mère se retourne vers le chien comme il saisissait un petit et lui fit lâcher prise. Le chien revient à la charge et s'empare encore du petit; le vieil émou saute

(1) Ramel.

sur son dos, le jette à terre et le frappe de ses pattes. Sur ces entrefaites j'arrive, et je mets en fuite les émous. Quand, une troisième fois, le chien eut pris un des petits, le vieil émou se ruait de nouveau sur lui ; ma présence l'arrêta. Bel et puissant animal, reconnu comme un rude jouteur, mon lévrier avait été complètement battu par le vieil émou.

» Voici un exemple du singulier effet produit sur l'émou par une subite alarme :

» Je parcourais à cheval les plaines de Morton, accompagné de trois jeunes chiens qui n'avaient jamais chassé l'émou. Tout à coup ils me quittent, s'élancent dans un petit fourré d'acacias et commencent à aboyer, signe certain qu'ils avaient devant eux un ennemi qu'ils n'osaient pas attaquer. Je pique mon cheval et me trouve en présence d'un gros émou, évidemment très effrayé. Son corps et son long cou formaient une ligne presque verticale, et ses plumes étaient hérissées à angle droit.

» A cet aspect si extraordinaire, mon cheval, effrayé, recula. L'émou s'enfuit dans la plaine, mais tellement désorienté par l'aboiement des chiens, qu'il ne put trouver sa route. Pendant un temps considérable, il tourna en rond au milieu de la meute, aussi épouvantée que lui, sans qu'il me fût possible de faire avancer mon jeune cheval. A la fin, un de mes chiens sauta au cou de l'émou et le terrassa. »

L'émou est un excellent coureur ; souvent les chiens refusent de suivre sa piste parce qu'ils craignent les coups de pieds de l'oiseau ; on dit que d'un seul de ces coups, il peut fracturer la cuisse à un homme ou tuer un carnassier.

Les indigènes ont une singulière façon de chasser cet oiseau : Ils l'attaquent au moment où il vient boire. Placés en embuscade, au coucher du soleil, au moment où tous les oiseaux vont se désaltérer, ils s'élancent de leur cachette quand ils ont vu un émou courir à l'eau, forment un cercle autour de l'animal, qui bientôt tombe sous leurs flèches. D'autres fois, ils montent sur un arbre qui domine le lieu où l'oiseau vient boire, et, au moment où il fait sa provision d'eau, ils laissent tomber sur lui une lourde flèche.

Il y a de cela longtemps, bien longtemps, un voyageur écrivait à l'un de ses amis qu'un navire, envoyé pour explorer la Nouvelle-Hollande, était de retour, et que l'équipage avait trouvé dans ce pays des vaches marines, des perroquets et des cygnes noirs.

Et l'ami de se récrier !... Comment croire, en effet, à une pareille anomalie ?... Peut-on se faire à l'idée d'un cygne noir ?...

Aujourd'hui, cet oiseau est presque aussi

connu que le cygne blanc, et sa beauté, son élégance ne le cèdent en rien à celles de son congénère.

Le *cygne noir* a le cou relativement plus long que le cygne blanc, sa tête est petite et bien conformée; son plumage est d'un noir brunâtre presque uniforme, avec les bordures des plumes tirant davantage sur le gris-noir. Cette couleur noire contraste admirablement avec le blanc éclatant des rémiges. L'œil est rouge écarlate; le bec est rouge carmin; les pattes sont noires.

Le cygne noir se montre encore en quantités innombrables dans les parties inexplorées du continent australien; ils fréquentent les lacs et les grands étangs. Leur nid consiste en un grand amas de plantes marécageuses et aquatiques de toute espèce; tantôt il flotte sur la nappe liquide, tantôt il est établi sur quelque îlot; les œufs, au nombre de cinq ou sept, sont d'un vert pâle avec quelques taches plus foncées.

Cet oiseau crie fréquemment; il fait souvent entendre un appel singulier, assez semblable à un son de trompette étouffé. Il est querelleur et méchant avec les animaux plus faibles que lui.

Il n'est pas étonnant que le cygne noir ait conquis l'admiration des premiers voyageurs qui le rencontrèrent en Australie. A la nage,

il est fort élégant ; mais il est vraiment magnifique lorsque, prenant son essor, il étale ses
rémiges, dont la blancheur écla tante tranche
superbement sur le noir du reste de son plumage.

Quand plusieurs de ces oiseaux volent de
concert, ils forment une ligne oblique, éten-
dant devant eux leur long cou. Le bruissement de leurs ailes, se mêlant à leur voix de
clairon, produit, de loin, un ensemble sonore
et harmonieux.

On leur fait, en Australie, une chasse sans
pitié ; on enlève leurs œufs ; on les poursuit
sans cesse ; on les tue pour le plaisir de les
tuer. J'ai vu des canots remplis jusqu'au bord
de cadavres de cygnes noirs.

Les mammifères sont rares à la Nouvelle-
Hollande, et ceux qu'on y rencontre ne sont
en quelque sorte que des êtres ébauchés ; cette
contrée est, par contre, le vrai paradis des
oiseaux.

« Au milieu du vert feuillage des arbres
à gomme brillent, comme autant de fleurs vivantes, les cacatoës étincelants ; sur les fleurs
jaunes des acacias se détache le plumage écarlate des perruches roses. Autour des fleurs à
nectar voltigent les loris, tandis que les petits
platycerques animent les prairies désertes de
l'intérieur des terres. Les perroquets parcourent les rues des villes et des villages, où,

comme les moineaux en Europe, ils couvrent les routes et les cours des maisons. Lorsque le colon rentre ses récoltes, des centaines de ces oiseaux se pressent devant sa grange, cherchant dans la paille les grains qui ont pu échapper aux fléaux. » (1)

Ils se réunissent en bandes innombrables, partant des forêts où ils sont établis pour parcourir les plaines et les campagnes. Au milieu de l'obscurité de l'épaisse forêt volent les blancs cacatoës, semblables à des fantômes; d'autres, avec leurs ailes écarlates et leur écharpe couleur de feu, semblent les créatures fantastiques d'un rêve. Ceux qui ont éprouvé tout le charme qu'exerce sur les créatures la végétation luxuriante des tropiques, savent combien ce sentiment devient vif, lorsqu'à ce spectacle s'ajoute celui des êtres qui animent ces paysages !

Les *cacatoës* sont caractérisés par leur plumage blanc mêlé de rouge pâle dans quelques espèces et par la huppe formée de plumes longues et étroites disposées sur deux rangs, et qu'ils peuvent abaisser ou redresser à volonté.

Le matin, comme les perroquets d'Afrique, ils saluent l'aurore de leurs cris retentissants; puis, s'élevant dans les airs, ils se dirigent

(1) Brehm.

vers quelque champ couvert de moisson, où ils sont certains de trouver une abondante pâture. Lorsqu'ils sont rassasiés, ils retournent dans la forêt pour y faire une tranquille digestion.

C'est tantôt dans un arbre, tantôt dans les crevasses d'un rocher que chaque paire de cacatoës choisit un creux convenable pour y établir son nid. La femelle y dépose deux œufs blancs, un peu pointus, semblables à ceux d'une petite poule.

Les cultivateurs détestent ces oiseaux à cause des dégâts qu'ils occasionnent, et ils mettent tout en œuvre pour les détruire ; aussi, ils deviennent extrêmement défiants, et, comme les singes, ils déploient dans leurs maraudes une ruse extrême.

La chasse que leur font les Australiens est très curieuse ; leur arme consiste en un morceau de bois en forme de faucille qu'ils lancent avec adresse à une distance de plus de cent pieds. Cette arme fend l'air en décrivant des cercles, et, quoiqu'elle s'écarte de la ligne droite, elle atteint presque toujours le but. Déjà, en Afrique, j'avais vu employer cette même arme faite en bois et en fer. C'est de préférence dans les endroits où de grands arbres entourent un cours d'eau, que les indigènes se mettent à la poursuite des cacatoës ; c'est là, du reste, qu'on les rencontre en troupes immenses, grimpant de branche en branche et volant d'arbre en arbre.

Le chasseur s'avance prudemment, glissant entre les arbres, rampant entre les buissons pour ne pas troubler la vigilance de oiseaux. Une agitation générale lui révèle qu'il a été entendu : les oiseaux sentent, en effet, qu'un danger dont ils ne peuvent encore se rendre compte, les menace. Alors le chasseur se montre à découvert. Tous les perroquets s'élancent pour fuir, mais l'arme est lancée avec une extrême vigueur ; elle glisse en tournoyant à la surface de l'onde, puis remonte en décrivant une courbe et arrive au milieu des oiseaux épouvantés ; un second, un troisième, un quatrième de ces singuliers projectiles sont lancés de la même façon. En vain les cacatoës cherchent à fuir ; la marche capricieuse de l'arme paralyse leurs mouvements. Un est touché, puis un autre ; chaque coup porte ; ils tombent par terre assommés ou les ailes brisées. On les entend crier de douleur et de colère, et, lorsque le chasseur a achevé son œuvre de destruction, le reste de la bande se rassemble pour aller chercher un asile dans les cimes les plus élevées et les plus touffues.

XVIII

Quatre Types curieux

Le martin-chasseur géant. — Chœur d'esprits sauvages. — Exploits de Jean le Rieur. — L'oiseau-lyre; ses habitudes; ses mœurs; son talent d'imitation; son nid. — L'ornithorynque paradoxal. — Un mammifère à bec de canard. — Contes invraisemblables. — Le kanguroo. — Une chasse au kanguroo géant.

Il en est, sans doute, bien peu, parmi mes lecteurs, qui connaissent *Jean-le-rieur*. Il m'a fallu venir en Australie pour rencontrer ce personnage qui n'est autre qu'un martin-chasseur, un gros oiseau dont le corps a près de cinquante centimètres de longueur.

Le *paralcyon* ou *martin-chasseur-géant* a le dos brun foncé, le ventre fauve blanchâtre; le bas du dos et les couvertures supérieures des ailes sont bleus; les plumes de la tête, longues et pointues, sont rayées de brun le long de la tige; l'oreille est surmontée de plumes noires soyeuses; les rémiges sont d'un brun noir avec du blanc à la base; les rectrices sont d'un rouge brun rayées de noir.

Cet oiseau est véritablement remarquable, et les premiers naturalistes qui ont mis le pied sur le sol de l'Australie signalent le paralcyon géant.

« Il attire l'attention non-seulement par sa taille, mais encore par sa voix singulière. En outre, loin d'être craintif, on le voit accourir près de tout ce qui excite sa curiosité. Il vient souvent se placer sur l'arbre au pied duquel le voyageur a établi son campement, et il examine gravement comment il allume son feu, comment il prépare son repas. D'ordinaire, on ne remarque sa présence que lorsqu'il fait entendre sa voix, consistant en une sorte de ricanement rauque. Ce cri est tellement singulier que tous les voyageurs en sont frappés, et ce ricanement, que l'on entend de très loin, est sans doute ce qui lui a fait donner son nom de Jean-le-Rieur. » (1)

Ce cri bizarre ressemble à un chœur d'esprits sauvages; il effraye le voyageur qui se croit en danger; on dirait un génie malfaisant riant du malheur de celui qui est en peine.

« Une heure avant le lever du soleil, dit un naturaliste, le chasseur est réveillé par des cris sauvages, comme ceux d'un essaim d'esprits farouches qui l'entoureraient en poussant des clameurs et des ricanements. C'est le chant du matin de Jean-le-Rieur, par lequel il annonce à ses compagnons l'approche du jour. A midi, on entend les mêmes cris, et

(1) Gould.

quand le soleil disparaît à l'occident, ils retentissent de nouveau dans toute la forêt. Je n'oublierai jamais la première nuit que je passai en Australie, à la belle étoile.

» Après un sommeil agité, je m'éveillai à la pointe du jour ; mais il me fallut un certain temps pour me rappeler où je me trouvais, tant était grande l'impression que faisaient sur moi des bruits inaccoutumés. Le cri infernal du paralcyon géant se mêlait au sifflement de la pie, au chant rauque de la grande poule pattue, aux clameurs discordantes de millions de perroquets, et le tout se fondait dans un ensemble tellement singulier, qu'on ne peut le décrire. Depuis, j'ai souvent entendu ce même concert, mais jamais il ne m'a produit la même impression.

» Le Jean-le-Rieur est l'horloge de l'habitant des bois ; bien loin d'être craintif, cet oiseau semble aimer la société ; aussi vient-il demeurer au voisinage des tentes ; sa familiarité, et, plus encore, la guerre qu'il fait aux serpents, le rendent, pour les habitants des bois, un oiseau sacré.....

» Une fois, je vis deux Jean-Rieurs perchés sur une branche morte d'un vieil arbre, et de là s'élancer de temps à autre à terre.

» Ils avaient tué un serpent, comme je m'en aperçus plus tard, et leur babil, leur ricanement témoignaient toute la joie qu'ils avaient

de ce succès. Je ne sais s'ils mangent les serpents ; en fait de reptiles, je n'ai jamais trouvé
que des lézards dans l'estomac de ceux que j'ai
ouverts. »

Travaillez, oiseaux utiles ! Purgez le sol des
reptiles immondes ; rendez-vous les auxiliaires
de l'homme ; en récompense de vos services,
il vous ouvrira l'estomac pour éclaircir quelque point d'histoire naturelle !.....

Mieux favorisée que les voyageurs qui sont
restés plusieurs jours en observation sans arriver à découvrir l'oiseau dont ils entendent
la voix claire et perçante retentir de tous côtés,
j'ai vu souvent le *ménure superbe*, appelé simplement la *lyre*, ou l'*oiseau lyre*.

Aucun oiseau de la Nouvelle-Hollande n'a
jeté plus de dissidence parmi les naturalistes
classificateurs. Les uns, considérant particulièrement sa taille et la forme de sa queue, le
rangeaient parmi les gallinacés et en faisaient
un faisan, tandis que d'autres le classaient
parmi les passereaux, dans le voisinage des
merles et en faisaient un oiseau chanteur.

C'est cette dernière classification qui nous
paraît devoir être adoptée, car le ménure a
le genre de vie des oiseaux appartenant à cette
division, et fait un très bon usage de son ap-
pareil vocal.

Un peu moins grand que le faisan, cet oiseau a le plumage d'un brun grisâtre. Son

nom spécifique d'oiseau lyre lui vient du développement singulier des plumes qui s'observe chez le mâle. Ces plumes sont de trois sortes : douze plumes ordinaires très longues, à barbes effilées et écartées; deux médianes garnies d'un côté seulement de barbes serrées, et deux extérieures courbées comme les branches d'une lyre, dont les barbes internes, grandes et serrées, représentent un large ruban, et dont les externes sont courtes, ne s'élargissent que vers le bout.

Le ménure passe à terre la plus grande partie de son existence; il ne vole qu'exceptionnellement ; et c'est en courant qu'il parcourt les forêts et qu'il grimpe contre les parois escarpées des rochers; il peut, en sautant, s'élever brusquement jusqu'à trois mètres de hauteur et atteindre ainsi la pointe des rocs. Il ne se sert de ses ailes que lorsqu'il veut visiter le fond d'un ravin.

Extrêmement prudent à l'égard des autres animaux, il fuit surtout l'homme qui est son plus redoutable ennemi. Quand il court, il tient, comme le faisan, le corps allongé, la tête penchée en avant, la queue fermée et horizontale ; c'est surtout le matin et le soir qu'il montre la plus grande activité. Sa voix est très flexible, son cri d'appel est fort et perçant, son chant ordinaire ne s'entend qu'à une faible distance; il se compose de notes décousues, mais lancées vivement, et se terminant habituellement par une note basse et ronflante.

« Cet oiseau, dit Becker, a le talent d'imitation développé au plus haut degré. Dans la province de Sipps, sur le versant sud des Alpes australiennes, se trouvait une scierie mécanique. Là, les dimanches, quand tout travail était suspendu, on entendait au loin, dans la forêt, l'aboiement d'un chien, le rire d'un homme, le chant de divers oiseaux, les pleurs des enfants, le bruit de la scie; et tous ces bruits, tous ces sons provenaient d'un seul oiseau-lyre, qui avait établi son domicile non loin de la scierie. A certains moments, comme le moqueur d'Amérique, il remplace à lui seul une bande entière d'oiseaux chanteur. »

Le ménure se nourrit de vers, d'insectes, de coléoptères, d'escargots; il construit son nid au milieu des buissons, sur les pentes des ravins les plus profonds et les plus escarpés; il recherche de jeunes arbres serrés les uns contre les autres, et dont les troncs entrelacés forment une sorte d'entonnoir; c'est là qu'il niche à cinquante ou soixante centimètres au-dessus du sol. Quelquefois, il s'établit dans le creux d'un tronc d'arbre ou sur une fougère peu élevée.

La base du nid se compose d'une couche

de grosses ramilles; le nid, proprement dit,
est construit avec des racines fines et flexibles, et l'intérieur est tapissé de plumes délicates. De loin, on dirait un amas désor-
donné d'herbes et de branches sèches d'environ un mètre de hauteur et de largeur.
L'ouverture est latérale, et c'est par là que la
femelle entre, en marchant à reculons, la queue
renversée sur le dos.

L'oiseau ne pond qu'un œuf qui ressemble
à celui de la cane; il est d'un gris cendré clair
semé de points d'un brun foncé.

Un jour, je vis un chasseur s'emparer d'un
jeune ménure; il était d'assez forte taille et
avait la tête et le dos couvert de duvet; les
plumes des ailes et de la queue commençaient
à se montrer. Lorsqu'on s'en empara, il poussa un cri qui attira sa mère; celle-ci accourut,
sans rien marquer de sa timidité habituelle,
elle s'approcha à quelques pas du chasseur en
battant des ailes; elle courait de côté et d'autre, cherchant à délivrer son petit. Le chasseur impitoyable la tua d'un coup de fusil, et
aussitôt le petit cessa de crier.

J'étais au bord d'une rivière aux eaux tranquilles et transparentes, et je pus observer à
loisir le plus extraordinaire, le plus étrange
de tous les êtres vivants. L'*ornithorynque
paradoxal* a une conformation et des mœurs
si singulières que des naturalistes européens

ont fait le voyage d'Australie tout exprès pour l'observer.

On a su tout d'abord que les ornithorynques vivaient dans l'eau, que les indigènes les chassaient avec ardeur et les mangeaient avec plaisir : « Les Australiens sont assis aux bords des rivières, avec de petits javelots, et attendent jusqu'à ce qu'un de ces animaux se montrent. Puis ils lui lancent leurs traits et le tuent ainsi. Souvent un indigène restera une heure entière à l'affût avant de lancer son javelot : jamais il ne manque son but. »

On ajoutait à cela beaucoup de fable : On disait que l'ornithorynque pondait des œufs et les couvait à la façon des oies; on sait aujourd'hui que cette assertion est fausse; on parlait des propriétés venimeuses de l'éperon de cet animal, on a des exemples du contraire.

Les ornithorynques ont le corps aplati, les jambes courtes, terminées par cinq doigts réunis par une membrane; les pattes de devant, très fortes et très musculeuses, sont propres à nager et à fouir; la tête est petite, aplatie, terminée par un large bec de canard, à l'extrémité duquel s'ouvrent les narines. L'animal a environ cinquante centimètres de longueur.

L'ornithorynque paradoxal recherche les endroits où poussent de nombreuses plantes aquatiques ombragées par des arbres touffus;

il creuse son terrier sur une rive escarpée tout auprès du niveau de l'eau. Il sort surtout la nuit et ne quitte par instants sa retraite, pendant le jour, que pour chercher sa nourriture. Je pouvais, dans l'eau limpide, suivre tous ses mouvements; je le voyais tantôt plongeant, tantôt reparaissant à la surface.

« Je tirai, dit Bennett, un ornithorynque qui fut gravement atteint; il plongea aussitôt, reparut peu après, pour replonger encore, mais toujours pour quelques instants seulement, et en s'efforçant de gagner la rive; il ne se mouvait plus dans l'eau qu'avec difficulté, et cherchait à se réfugier dans son terrier. Il nageait plus à la surface que d'habitude; il essuya cependant deux coups de feu avant de rester sur l'eau. Quand le chien me l'apporta, je vis que c'était un beau mâle. Il n'était pas tout à fait mort, se mouvait encore un peu, mais on n'entendait d'autre son que celui que faisait l'air en passant à travers ses narines.

Au bout de quelques minutes, il se releva et courut à la rivière en chancelant; ce ne fut que vingt-cinq minutes après qu'il tomba et mourut. J'avais souvent entendu parler des blessures faites par son éperon; je le saisis tout d'abord près de cet organe. Dans les efforts qu'il faisait pour fuir, il me gratta un peu la main avec ses ongles et avec son éperon, mais je ne me sentis pas piqué. On dit que l'animal se couche sur le dos lorsqu'il veut faire usage de cette arme, c'est peu probable. Je le mis dans cette position, et loin de chercher à se défendre, il ne chercha qu'à se remettre sur ses pattes.. . . . .

« Lorsque l'ornithorynque court sur le sol, on dirait une apparition surnaturelle, et l'on conçoit que son aspect singulier puisse effrayer un poltron. »

Si je n'avais pas été habituée à ne plus m'étonner de rien, la conformation du *kanguroo* ne m'aurait guère moins surprise que celle de l'ornithorynque.

Cet animal, comme tous les *marsupiaux* en général, est remarquable par l'espèce de poche que forme au-devant des mamelles de la femelle un repli plus ou moins considérable de l'abdomen. Les petits naissent dans un état tout à fait rudimentaire; mais, en naissant, ils passent dans cette sorte de bourse, s'attachent aux mamelles de leur mère, et y restent fixés jusqu'à ce qu'ils soient convenablement développés.

Les kanguroos, ou marsupiaux sauteurs, sont les plus grands animaux de cet ordre; leur aspect est tout particulier : A partir de la tête, le tronc augmente rapidement en grosseur ; la tête et le haut du tronc paraissent comme atrophiés ; le train de derrière est presque exclusivement affecté aux mouvements, ce qui explique son développement extrême ; les pattes de devant ne servent que d'une manière très secondaire à l'animal pour marcher et pour saisir sa nourriture. A l'aide de leurs longues jambes de derrière et de leur queue, ils peuvent faire des bonds prodigieux, avec une vitesse qui égale celle du cerf.

Les uns habitent les vastes plaines herbeuses, les autres vivent de préférence dans les endroits buissonneux, d'autres sur les montagnes rocheuses, d'autres encore dans les forêts impénétrables.

Le *kanguroo géant*, que les colons de l'Australie appellent le *boomer*, est un des plus grands de la famille ; un mâle adulte, assis, atteint la hauteur d'un homme ; il a plus de deux mètres de longueur totale. Il vit dans les pâturages, ou dans les cantons couverts de buissons touffus. Quoiqu'il se rencontre par petites troupes, il n'est pas trop sociable ; on en voit assez souvent trois ou quatre réunis, mais, dans la petite bande, aucun ne s'inquiète des autres ; un bon pâturage en réunit quelquefois un plus grand nombre, qui ne tardent pas à se séparer dès que les ressources sont épuisées.

Le kanguroo géant est craintif et méfiant ; il ne se laisse que rarement approcher par l'homme.

« Je me souviens, toujours avec plaisir, dit Gould, d'un beau kanguroo qui se leva tout à coup en plaine, devant les chiens, et se mit à détaler. Il dressa d'abord la tête, pour voir qui le poursuivait et par où il pouvait fuir ; il s'élança alors, et je pus assister à la course la plus furibonde que j'aie jamais vue. Il parcourut ainsi, d'un trait, quatorze milles anglais ; et, comme il avait pleine carrière, je ne doutais pas qu'il ne nous échappât. Malheureusement pour lui, il s'était engagé sur une langue de terre qui s'avançait environ à deux milles dans la mer, et le chemin lui fut coupé ; il avait devant lui un bras de mer de deux milles de large, et une forte brise agitait les flots. Il n'y avait plus de salut pour lui que dans la nage ou dans un combat heureux avec les chiens. Sans hésiter, il s'élança dans les flots et se mit à nager contre le vent. Mais, enfin, il fut forcé de s'en retourner, et fatigué, épuisé, il revint au rivage, où il ne tarda pas à succomber sous les attaques des chiens. En y comprenant les détours qu'il avait faits, il avait bien parcouru dix-huit milles à la course, et deux milles à la nage. Je ne puis dire au juste le temps qu'il y mit, mais je crois qu'au bout de deux heures il avait atteint la langue de terre, et, à ce moment, sa course était aussi rapide qu'au début. »

XIX

En Amérique

*Les hirondelles d'Amérique ; leurs habitudes ; leurs mœurs ;
leurs nids. — La progné pourpre. — Un oiseau aimé et
protégé. — Le moqueur polyglotte. — Nid attaqué par un
serpent à sonnette. — Défenses héroïque. — Description
du moqueur ; ses habitudes ; ses mœurs ; son chant. —
Pourquoi le moqueur est appelé polyglotte.*

Vous vous demanderez peut-être comment
je suis arrivée en Amérique : notre vol est
puissant, notre aile infatigable ; et, suivant
ma devise, j'ai voulu aller toujours plus loin.
J'ai accompli mon voyage comme le fait souvent l'hirondelle pourpre, dont on constate
presque chaque année, la présence en Angleterre.

Tantôt me reposant sur un îlot désert, tantôt
demandant l'hospitalité au mât d'un navire,
j'ai franchi l'Océan immense et je suis venue
visiter mes petites amies d'Amérique.

J'ai reçu l'hospitalité dans un nid d'*hirondelles fauves*, qui diffère absolument de celui
des hirondelles de cheminées.

Plusieurs espèces américaines ont nos habitudes et nos mœurs ; comme nous, elles dé-
sertent les forêts pour se rapprocher des demeures des hommes où elles construisent leurs
nids dans les cheminées.

« Du moment, dit Audubon, que l'hirondelle a trouvé dans nos maisons tant de com-
modités pour y établir son nid, on l'a vue
abandonner, avec une sagacité remarquable,
ses anciennes retraites dans le creux des arbres, et prendre possession de nos cheminées,
ce qui, sans aucun doute, lui a valu le nom
sous lequel on la connaît généralement. Je me
rappelle parfaitement le temps où, dans le
Kentucky, dans l'Illinois, ces oiseaux choi-
sissaient encore très souvent, pour nicher, les
excavations des branches et des vieux troncs,
et telle est l'influence d'une première habitude, que c'est toujours là que de préférence
ils reviennent, non-seulement pour chercher
un abri, mais aussi pour élever leurs petits,
spécialement dans les parties isolées de notre
pays, qu'on peut à peine dire habitées.

» Alors les hirondelles se montrent aussi
délicates pour le choix d'un arbre qu'elles le
sont ordinairement dans nos villes pour le
choix d'une cheminée où elles veulent fixer
temporairement leur demeure : des sycomores d'une taille gigantesque, et que ne sou-
tient plus qu'une simple couche d'écorce et de
bois, sont ceux qui semblent leur convenir
le mieux. Partout où j'ai rencontré ces vé-
nérables patriarches des forêts, que la déca-
dence et l'âge avaient rendus habitables, j'ai
toujours trouvé des nids d'hirondelles, qui

elles-mêmes continuaient d'y vivre jusqu'au moment de leur départ. Ayant fait couper un arbre de cette espèce, j'ai compté dans l'intérieur du tronc une cinquantaine de ces nids ; et, de plus, chaque branche creuse en renfermait un.

» Le nid, qu'il soit placé dans un arbre ou dans une cheminée, se compose de petites branches sèches que l'oiseau se procure d'une façon assez singulière. Si vous regardez les hirondelles tandis qu'elles sont en l'air, vous les voyez tournoyer par bandes autour de la cime de quelque arbre qui dépérit, s'il n'est déjà tout à fait mort. On les dirait occupées à poursuivre les insectes dont elles font leur proie ; leurs mouvements sont extrêmement rapides. Tout à coup elles se jettent le corps contre la branche, s'y accrochent avec leurs pattes par une brusque secousse, la cassent net et se renvolent en l'emportant à leur nid.

« C'est au moyen de sa salive, que l'hirondelle fixe ces premiers matériaux sur le bois, le roc ou le mur d'une cheminée ; elle les arrange en rond, les croise, les entrelace, pour étendre à l'intérieur les bords de son ouvrage ; le tout est pareillement glué de salive qu'elle répand autour, à un pouce au plus, pour mieux l'assujettir et le consolider. Quand le nid est dans une cheminée, sa place est généralement du côté de l'est, et à une distance de cinq à huit pieds de l'entrée. Mais dans le creux d'un arbre, où toutes nichent en communauté, il se trouve plus haut ou plus bas, suivant la convenance générale. La construction, assez fragile du reste, cède de temps à autre, soit sous le poids des parents et des jeunes, soit emportée par un flot subit de pluie, cas auquel ils sont tous ensemble précipités par terre.

» On y compte quatre à six œufs d'un blanc pur, et il y a deux couvées par saison.

» Le vol de cette hirondelle rappelle celui du martinet d'Europe; mais il est plus vif, quoique bien soutenu.

» C'est une succession de battements assez courts, si l'on en excepte pourtant la saison des nids, car on les voit alors nager tous les deux les ailes immobiles, glissant dans les airs avec un petit gazouillement aigu. En d'autres temps, ils planent au large, à une grande hauteur au-dessus des villes et des forêts; puis, avec la saison humide, reviennent voler au ras du sol, et on les voit écumer l'eau pour boire et se baigner.

» Quand ils vont pour descendre dans un trou d'arbre ou un cheminée, leur vol, toujours rapide, s'interrompt brusquement comme par magie; en un instant, ils s'abattent en tournoyant et produisent avec leurs ailes un tel bruit, qu'on croirait entendre le roulement lointain du tonnerre. Jamais ils ne se posent sur le sol ni sur les arbres. Si on prend une de ces hirondelles, et qu'on la mette par terre, elle fait de gauches efforts pour s'échapper et peut à peine se mouvoir.

« J'ai lieu de croire que parfois, la nuit, il arrive aux parents de s'envoler, et aux jeunes de prendre de la nourriture ; car j'ai entendu le frou-frou d'ailes des premiers et les cris de reconnaissance des seconds, pendant des nuits calmes et sereines.

« Quand les petits tombent par accident, ce qui arrive quelquefois, bien que le nid reste en place, ils parviennent à y remonter à l'aide de leurs griffes aiguës, en élevant un pied, puis l'autre, et s'appuyant sur leur queue. Deux ou trois jours avant d'être en état de s'envoler, ils grimpent au haut du mur jusqu'auprès de l'ouverture de la cheminée à l'abri de laquelle ils ont grandi. Un observateur pourra reconnaître ce moment, en voyant les parents passer et repasser au-dessus de l'extrémité du tuyau sans y entrer. C'est la même chose quand ils ont été élevés dans un arbre. »

Je vous ai dit que l'*hirondelle progné* ou la *progné pourpre*, fait, presque chaque année, son apparition en Angleterre. Vous voudrez, sans doute, faire plus amples connaissances avec cette hardie voyageuse.

Plus grande que nous, la progné pourpre a vingt centimètres de longueur et quarante-deux centimètres d'envergure. Le mâle a tout le plumage d'un bleu noir, à reflets pourpres ; les grandes plumes des ailes et de la queue sont d'un brun noirâtre ; la femelle est un peu plus petite et son plumage est moins brillant.

J'ai rencontré beaucoup de ces oiseaux aux environs de la Nouvelle-Orléans, et plus tard, près des chutes de l'Ohio. Je les ai vus encore dans le Missouri, où ils séjournent plus long-temps. Ils étaient par bandes et se rassemblaient tantôt sur les maisons, tantôt sur les arbres. Leur vol ressemble assez à celui de l'hirondelle de fenêtre ; il ne saurait être comparé au nôtre pour la facilité et la vitesse.

Comme nous, c'est en volant que l'hirondelle pourpre boit et se baigne ; elle se pose assez souvent à terre où, malgré la brièveté de ses pattes, elle se meut assez facilement pour chasser les insectes ; elle court avec agilité au milieu de branches d'arbres sur lesquelles elle se pose souvent.

Elle est aussi hardie et aussi courageuse que nous le sommes nous-mêmes ; elle poursuit et harcèle les carnassiers, mammifères et oiseaux, notamment les chats, les chiens, les faucons, les corneilles et même les vautours. Je l'ai vue se précipiter avec fureur contre les rapaces, les tourmenter et ne pas leur laisser un instant de repos avant qu'ils se soient éloignés de son nid.

L'hirondelle pourpre est aimée et protégée : Dans presque tous les états du centre de l'Amérique, on dispose des caisses où ces oiseaux viennent établir domicile ; ou bien on suspend aux arbres des calebasses vides et percées d'un trou dans lesquelles ils aiment à nicher. Il faut voir avec quelle énergie ils chassent les autres oiseaux qui voudraient s'y établir ; ils ne souffrent dans le voisinage aucune espèce ayant le même mode de nidification.

Le chant de la progné est agréable, sans être très varié ; le gazouillement que le mâle fait entendre chaque matin, est le signal de l'approche du jour ; ce chant gracieux charme l'Indien lui-même qui emploie toutes sortes de moyens pour fixer ces aimables oiseaux dans le voisinage de sa hutte.

La progné pourpre niche ordinairement vers le mois d'avril ; elle compose son nid de branches sèches, d'herbes, de feuilles, de plumes, le tout agglutiné comme le font les autres hirondelles ; chaque couvée est de quatre à six œufs ; à la fin de mai, les petits de la première couvée ont pris leur essor ; ceux de la seconde couvée quittent le nid au mois de juillet. Dans la Louisiane et partout dans le sud, ces hirondelles font ordinairement une troisième ponte.

Souvent plusieurs paires de ces oiseaux

nichent les unes à côté des autres, et la meilleure harmonie ne cesse de régner entre elles.

Je vous ai vanté la hardiesse et l'intrépidité de la progné pourpre; j'ai été témoin d'un drame qui prouve combien l'amour maternel et le sentiment de la solidarité sont développés chez la plupart des oiseaux.

Il n'est peut-être pas un nid qui soit plus souvent attaqué par les serpents que celui du *moqueur polyglotte*. Construit sur un arbre touffu ou dans un buisson, quelquefois près des habitations, mais plus souvent dans des endroits déserts et écartés, ce nid est facilement accessible aux hideux reptiles si nombreux dans le sud de l'Amérique.

Je volais en compagnie de quelques hirondelles pourpres, lorsque des cris d'angoisse attirèrent notre attention. Enroulé sur une branche qui portait un nid de merles polyglottes, un monstrueux serpent à sonnette venait de faire partir la couveuse et menaçait les œufs. Aux cris d'appel de la pauvre mère, le mâle accourut, et avec lui un autre couple de moqueurs. Au lieu de fuir à la vue du monstre dont les énormes mâchoires dilatées laissaient apercevoir de terribles crochets venimeux, les intrépides oiseaux se précipitèrent contre le reptile qu'ils criblèrent de coups de bec. Pendant que trois d'entre eux attiraient son attention et sa colère, le quatrième s'était courageusement cramponné sur le cou du serpent et lui plongeait dans les yeux son bec acéré comme un poignard.

C'était pour nous, pauvres hirondelles, un spectacle épouvantable; mais, sans calculer le danger auquel nous nous exposions, nous joignîmes nos efforts à ceux des moqueurs, et nous nous mîmes à harceler l'ennemi.

Le nid fut détruit, les œufs renversés; mais le serpent à sonnette ne se retira pas en triomphateur : Ses anneaux se détendirent, et je le vis, les yeux sanglants, se tordant sur le sol dans les convulsions de la douleur.

Le moqueur polyglotte ou merle polyglotte a environ vingt-six centimètres de longueur et trente-huit centimètres d'envergure; il a le dos gris-foncé, le front et les côtés de la tête marqués de brun; le ventre est d'un blanc brunâtre. Les rémiges sont d'un brun noir, tachetées de blanc à la racine; les rectrices médianes sont noires; les intermédiaires blanches sur les barbes internes, et les autres entièrement blanches; l'œil est jaune, le bec noir et les pattes sont brunes.

Cet oiseau recherche principalement les plaines sablonneuses, le bord des fleuves où poussent des arbustes et des arbres peu élevés. Son chant rappelle celui de la grive musicienne; mais, ce qui lui a fait une véritable réputation, c'est la facilité avec laquelle il imite, non-seulement le chant des autres oiseaux, mais les cris des animaux. Cependant, certains naturalistes enthousiastes ont prétendu que le moqueur polyglotte était le premier des oiseaux chanteurs. Je ne suis pas une grande musicienne, mais je confesse humblement que je préfère le chant du rossignol d'Europe!...

« Ce ne sont pas les doux sons de la flûte ou quelque autre instrument de musique que l'on entend, dit Audubon, mais c'est la voix bien plus mélodieuse de la nature elle-même. On ne peut se figurer des notes aussi pleines, des sons aussi variés, aussi étendus. Il n'y a pas un autre oiseau dans le monde qui puisse rivaliser avec ce roi du chant. Des Européens ont dit que le chant du rossignol valait celui du moqueur; j'ai entendu l'un et l'autre oiseau, en liberté comme en captivité; j'accorde parfaitement que, prises isolément, les notes du rossignol soient aussi belles que celles du moqueur; mais, en envisageant le chant dans son ensemble, on ne peut le comparer à celui de notre espèce... »

Audubon entendait un chanteur américain avec une oreille américaine, et son jugement n'est peut-être pas absolument impartial. J'aime mieux, et je crois plus juste, l'appréciation de Gerhardt :

« Le moqueur polyglotte doit sa renommée

au talent avec lequel il imite le chant des autres oisèaux. Les bons chanteurs sont trèsrares dans le Nouveau-Monde; il suffit qu'il s'en trouve un passable pour qu'on le porte aux nues.

» J'observai, dit-il, un moqueur polyglotte mâle qui faisait entendre sa voix, non loin de moi. Comme d'ordinaire, le cri d'appel et le chant du roitelet d'Amérique formaient bien le quart de sa chanson. Il commença par le chant de cet oiseau, continua par celui de l'hirondelle pourprée, cria tout à coup comme un épervier, puis, s'envolant de dessus la branche où il s'était posé, il imita le cri de la mésange tricolore et celui de la grive voyageuse. Il se mit ensuite à courir autour d'une haie, les ailes pendantes, la queue en l'air, et reproduisit les chants du gobe-mouche, du carrouge, du tangara, le cri d'appel de la mésange charbonnière; il vola sur un buisson de framboisiers, y picota quelques fruits, et poussa des cris semblables à ceux du pic doré et de la caïlle de la Virginie; il aperçut un chat qui se glissait le long d'une souche d'arbre ; il fondit sur lui en criant, et lorsque celui-ci eut pris la fuite, il vint se percher sur une branche et recommença ses chansons. »

Si, dans les forêts, le moqueur imite le chant de tous les autres oiseaux, il répète fidèlement, près des habitations, tous les bruits qui se font

entendre dans les fermes : C'est tour à tour
le cri du coq, le gloussement des poules, le cri
de l'oie, du canard, le miaulement du chat,
l'aboiement du chien, le grognement du porc,
le grincement d'une porte, d'une girouette, le
bruit de la scie, le tic-tac du moulin.

XX

Nandou, Couguar et Jaguar

*L'atticore fasciée. — Le nandou; son nom; ses habitudes;
ses ennemis. — Le couguar ou puma. — Le lion argenté.
— Un animal agile. — A la poursuite des singes. — Couguar et caïman. — Le jaguar. — Dangereux carnassier. —
En pêche! — Jaguar et alligator. — A la nage! — Retour.*

Je croyais connaître toutes les espèces d'hirondelle, lorsque, dans l'Amérique du sud,
je me suis trouvée en présence des *atticores*,
nommées vulgairement *hirondelles des forêts*.
Ce sont de gracieux oiseaux aux ailes allongées, au bec petit et mince, à la queue fourchue. Elles nichent dans les troncs des arbres
creux des forêts.

L'*atticore fasciée* est entièrement noire avec
des reflets bleus métalliques, à l'exception
d'une bande blanche qui traverse la poitrine,
et les jambes qui sont également blanches;
elle a seize centimètres de longeur; l'aile pliée
mesure onze centimètres.

On la rencontre dans les forêts ; elle chasse sa proie au-dessus des cours d'eau qui les traversent. Elle aime à se poser sur les longues branches des arbres qui surplombent les rivières, et elle se montre toujours vive et gaie.

C'est en quittant la limite des forêts vierges où j'avais vu les atticores que j'ai rencontré dans les pampas le *nandou*, représentant de l'autruche en Amérique.

Le haut de la tête et du cou, la nuque et la partie antérieure de la poitrine de cet oiseau sont noirs ; le milieu du cou est jaune ; les joues et les côtés du cou sont gris de plomb ; le dos, les côtés de la poitrine et les ailes sont d'un cendré brunâtre ; la face inférieure du corps est d'un blanc sale ; l'œil est gris de perle ; les parties nues de la face sont couleur de chair ; le bec est gris-brun et les pattes grises.

Le nandou est le véritable oiseau des steppes ; on ne le rencontre ni dans les montagnes, ni dans les forêts vierges. Il aime à visiter les bois clair-semés d'algarrobes, les petits bosquets de myrtes et de palmiers isolés au milieu des hautes herbes ; il est partout où il trouve de l'herbe à manger.

Souvent plusieurs familles se réunissent, et l'on rencontre des bandes composées de plus de cinquante individus ; en général, les familles ne s'éloignent pas à plus de quinze à

vingt kilomètres du lieu où elles ont pris nais·
sance.

Pendant l'automne, le nandou cherche de
préférence les rives des fleuves et des rivières ;
il explore les bas-fonds couverts de buissons
où il trouve des baies de différentes plantes.
Si les buissons font absolument défaut, il se
rend dans les champs de chardons qui, intro-
duits par les colons espagnols, forment aujourd'hui, dans les pampas, des espaces de
plusieurs milliers de kilomètres carrés. Chaque année, ces végétaux nuisibles envahissent
de nouvelles surfaces, au grand mécontente-
ment des voyageurs et des éleveurs de bétail.

En hiver, il paît l'herbe courte et délicate
qui croît dans les lieux où ont pâturé les troupeaux.

Le nandou ne le cède guère en rapidité à
l'autruche ; il court si bien qu'il fatigue le
meilleur cheval, et il exécute les crochets les
plus brusques avec une agilité surprenante.
Son pas, quand il trotte nonchalamment, est
de plus d'un mètre ; s'il est poursuivi, les
emjambées atteignent plus d'un mètre cinquante centimètres. Lorsqu'il veut se détourner brusquement, il relève fortement une aile
et abaisse l'autre. Il franchit facilement un
fossé de plus de trois mètres de largeur ; il
agite ses ailes en sautant ; mais il évite les
lieux escarpés, car il a de la peine à les gravir.

Le nom de *nandou* est une onomatopée du cri que pousse le mâle à certaines époques ; ce cri provoque les autres mâles aux combats que ces oiseaux se livrent souvent. Tous les sens du nandou sont bien développés ; il est un observateur sagace et sait comment il doit se conduire suivant les circonstances.

Si on le laisse en paix, il circule autour des habitations, il s'approche des chevaux et des bœufs et ne s'écarte que de l'homme et des chiens ; on le croirait un oiseau domestique quand il paît sans crainte au milieu des troupeaux. Il évite particulièrement les cavaliers ; mais il ne s'éloigne guère de l'homme qui n'est pas accompagné de chiens ; c'est au plus s'il se détourne à une centaine de pas, pour regarder ensuite avec curiosité plutôt qu'avec crainte.

L'apparition d'une tribu d'Indiens lui cause une frayeur incroyable ; il s'éloigne plein d'effroi entraînant d'autres bandes ; c'est une véritable panique qui se communique aux troupeaux de bœufs et de chevaux.

« Parmi les animaux, dit Brehm, le nandou n'a pas beaucoup d'ennemis. De temps à autre, un adulte devient bien la proie du couguar ; un jeune, celle du renard ou de l'aigle ; mais ces cas sont rares. Il est rare aussi qu'un nid soit détruit. Ce qui est très singulier, c'est l'aversion que le vanneau armé témoigne au nandou, bien que celui-ci soit pour lui bien inoffensif. Un nandou s'approche-t-il de l'endroit où se tient un couple de ces vanneaux, ceux-ci fondent sur lui, en poussant des cris, comme les corneilles qui poursuivent un faucon.

Ce manège divertit quelque temps l'oiseau géant; par des sauts de côté, des coups d'aile, il évite les atteintes de ses ennemis; mais bientôt, la persistance de ses tourmenteurs lui devient insupportable et il quitte la place, non toutefois sans être poursuivi à une certaine distance.....

Ses deux plus redoutables adversaires sont le feu et l'homme. A l'époque où se reproduit cet oiseau, les bergers ont l'habitude d'incendier les chaumes qui couvrent les steppes. L'incendie se propage, attisé par le vent; il effraye tous les animaux, il détruit un grand nombre d'êtres nuisibles, mais il détruit aussi les couvées des oiseaux qui nichent à terre. »

Le *couguar* ou *puma*, que nous venons de signaler comme ennemi des nandous, est le lion d'Amérique.

« L'Amérique aussi a ses lions; mais ce sont des nains à côté de leur puissant congénère de l'Afrique. Le plus grand d'entre eux est au roi des animaux, ce que le tapir est à l'éléphant. Le manteau royal qui entoure l'é-

paule du lion lui manque ; la couronne, signe
distinctif du pouvoir, lui fait défaut ; ce n'est
que dans la couleur de son poil qu'il montre
quelque ressemblance avec l'égorgeur de troupeaux, et c'est pour cette raison que les Gau-
chos lui ont donné le nom de *leon*, que nos
naturalistes ont cherché à rendre par le mot
lion argenté. »

Le couguar parvenu à tout son accroisse-
ment mesure de un mètre à un mètre vingt
centimètres ; la queue a soixante-cinq centimètres de longueur ; la hauteur de l'animal
est également de soixante-cinq centimètres
environ.

Le couguar ou puma choisit sa retraite suivant la conformation de la contrée où il se
trouve ; il préfère la forêt à la rase campagne,
mais il aime surtout la lisière des bois et les
plaines couvertes de hautes herbes où il dissimule facilement sa présence.

Il grimpe aux arbres, montant et descendant d'un seul bond, différant en cela du jaguar dont nous parlerons bientôt, et qui monte
et descend à la manière des chats.

Cet animal, qui n'a pas de domicile fixe,
passe la journée à dormir, soit sur les arbres,
soit dans les hautes herbes ; la nuit, il se
met en chasse, et parcourt souvent plusieurs
lieues.

D'une très grande agilité, tous ses mouvements sont légers et vigoureux; il fait des bonds de près de sept mètres; son grand œil est tranquille et son regard n'a aucune expression de férocité.

Il fuit devant l'homme et les chiens, et ne montre du courage que lorsqu'il y est contraint; mais il se montre cruel envers les êtres faibles et inoffensifs : Les chevreuils, les brebis, les jeunes veaux, les poulains, les singes, les nandous deviennent sa proie. Il s'approche de sa victime en rampant, et lorsqu'il est assez près, il s'élance d'un bond sur elle; s'il la manque du premier coup, il la poursuit en bonds immenses.

Un jour, j'assistai à cette poursuite : Le cri flûté de quelques singes suspendus à des lianes gigantesques, éveilla mon attention. Tout à coup la bande entière poussa des cris d'effroi en fuyant de tous côtés; ils s'élancèrent de branche en branche, d'arbre en arbre avec l'agilité qui leur est habituelle. Leurs cris lamentables et les excréments qu'ils laissaient échapper témoignaient de leur terreur. Le couguar les poursuivait en faisant des bonds énormes; il se glissait avec une agilité incroyable à travers les branches entortillées et enchevêtrées de plantes grimpantes; il les suivait jusqu'au moment où cet appui fragile pliait sous son poids et d'un bond sûr, s'élançait sur un arbre voisin. Un des retardataires fut bientôt saisi; et pendant que tous les autres faisaient entendre un concert des plus discordant, le puma ouvrit la gorge de sa victime, lécha son sang et se mit à la dévorer.

Il préfère le sang à la chair; et c'est pourquoi, lorsqu'il en trouve l'occasion, il ne se borne pas à tuer un seul animal. Un couguar égorgea, dans une métairie, en une seule nuit, dix-huit brebis dont il ne mangea pas la moindre parcelle de chair; il se contenta de leur ouvrir la gorge et de boire leur sang.

Le caïman est un de ses plus redoutables ennemis; et il paraît que rien n'est plus émouvant que le spectacle d'une lutte entre ces deux monstres. Le carnassier connaît l'endroit vulnérable de son adversaire, et il enfonce ses griffes dans les yeux du reptile. Souvent celui-ci plonge, entraînant le couguar, qui se laisse noyer plutôt que de lâcher prise.

Plus redoutable que le puma, est le *jaguar* ou tigre d'Amérique, dont la taille le cède à peine à celle du tigre royal. Ses formes générales sont un peu lourdes et dénotent de la force plutôt que de l'agilité; son corps n'est pas aussi long que celui du léopard ou du tigre et ses jambes sont relativement courtes. Arrivé à sa croissance, l'animal mesure un mètre cinquante centimètres de la pointe du museau à la racine de la queue, qui a soixante-dix centimètres environ. Son poil, court, épais, souple, luisant, est un peu plus long à la partie inférieure qu'à la partie supérieure du corps ; son pelage varie beaucoup, aussi bien pour la teinte générale que pour les taches. Ordinairement, il est d'un jaune rougeâtre ; et la peau est couverte de taches qui sont tantôt petites, noires, circulaires, allongées ou irrégulières ; tantôt plus grandes, en forme d'anneaux bordés de rouge et de noir, avec deux points noirs à l'intérieur.

C'est sur les bords ombreux des fleuves, des torrents et des rivières, à la lisière des forêts qui avoisinent des marais, dans les pays marécageux où les herbes et les joncs atteignent une grande hauteur, qu'on rencontre le jaguar.

N'ayant pas de gîte fixe et ne se creusant pas de tannière, il se couche à l'endroit où le lever du soleil le surprend, et il y passe la journée. C'est le matin, dès l'aurore ou le soir, au crépuscule, qu'il se met en campagne ; quelquefois, il profite d'un beau clair de lune ou d'une belle nuit étoilée, mais on ne le voit jamais chasser pendant le jour ou par une nuit sombre.

Dangereux à tous égards, il dévore tous les grands vertébrés dont il peut s'emparer : autant sa démarche paraît lourde quand rien ne l'excite, autant, quand il est en chasse, il fait preuve d'une grande agilité ; sa force n'est comparable qu'à celle du lion ou du tigre. Son œil errant, qui luit dans la nuit, est vif et sauvage ; il perce les ténèbres et n'est ébloui que par les rayons du soleil ; il jouit de la propriété de saisir sa proie tout aussi bien dans l'eau que sur la terre.

Il surprend dans les joncs, les oiseaux aquatiques, et sait fort adroitement retirer un poisson de l'eau. Il fréquente par fois les bords de la mer près des petites anses où l'eau est tranquille pour y manger des crabes et des poissons qu'il fait sauter à terre d'un coup de patte.

« Par une chaude soirée d'été, dit Rengger, je rentrais dans ma nacelle, revenant de la chasse aux canards, lorsque mon guide, un Indien, me montra un jaguar sur le bord du fleuve. Nous nous approchâmes, en nous cachant sous les saules dont les branches pendaient sur l'eau, afin d'observer les mouvements de l'animal. Il était accroupi sur une pointe de terre qui s'avançait dans le fleuve, à un endroit où le courant était rapide, et où se tenait de préférence un poisson appelé *dorado*, dans le pays. Il fixait attentivement ses regards sur l'eau, et, de temps en temps, se courbait comme pour en explorer la profondeur. Au bout d'un quart d'heure environ, je le vis tout à coup donner un coup de patte dans l'eau et rejeter sur le bord un gros poisson. Sa manière de pêcher est, on le voit, celle du chat domestique. »

La haine qui existe entre le couguar et le caïman n'est pas moindre, paraît-il, entre ce reptile et le jaguar : Ce sont deux ennemis mortels, et cet antagonisme a donné lieu à un grand nombre de récits dont il serait téméraire de garantir la parfaite authenticité :

« Le jaguar et l'alligator, dit Hamilton, sont deux ennemis mortels, toujours en guerre. Si le jaguar surprend l'alligator dormant sur les bancs de sable, il le saisit sous la queue où la peau est molle et vulnérable. La terreur de l'alligator est alors si grande qu'il ne songe ni à la fuite, ni à la défense ; en revanche, si l'alligator rencontre son ennemi dans l'eau, son élément propre, c'est lui qui a l'avantage ; il parvient ordinairement à noyer le jaguar et le dévore ensuite. Ce dernier, qui reconnaît parfaitement son impuissance dans l'eau, a la précaution, lorsqu'il veut traverser un fleuve à la nage, de pousser d'abord un hurlement terrible, afin de chasser les alligators qui pourraient se trouver dans le voisinage. »

Un fait du même genre, plus singulier encore, a été raconté par un indigène à un naturaliste :

« J'étais, dit-il, caché sur une plage, attendant que quelque tortue paresseuse sortît pour déposer ses œufs, lorsque j'aperçus un tigre qui s'avançait en rampant, le long du rivage, pour couper le chemin à un caïman étendu sur le sable, et prenant le soleil. D'un bond, il le saisit, mais le caïman se jetant à l'eau, et le tigre ne lâchant point prise, tous les deux disparurent à la fois. Un temps assez long s'écoula, et je croyais déjà le tigre noyé, lorsque je le vis reparaître, mais seul. Il se roula sur le sable, puis se rejetta dans l'eau. Il y resta encore longtemps et ressortit de même, cette seconde fois, sans sa proie. Ce ne fut qu'à la troisième fois qu'il attira sur le rivage le caïman étranglé. »

Même dans l'eau, le jaguar est redoutable ; je fus témoin d'une scène curieuse qui dénote avec quelle énergie et quelle habileté cet animal sait défendre sa vie et au besoin attaquer ceux qui le poursuivent.

Un jaguar traversait à la nage un fleuve assez large ; trois hommes le voyant venir du bord opposé se jetèrent dans une nacelle, armés d'un fusil, et ramèrent vers la bête. Celui qui se trouvait sur l'avant fit feu à une distance de deux mètres, à peu près, mais il ne fit que blesser le jaguar. Celui-ci, sans laisser aux chasseurs le temps de se reconnaître, saisit le bord de l'embarcation et y pénétra malgré les coups de crosse et d'aviron ; ils n'eurent

que le temps de se jeter à l'eau et d'aller chercher un refuge à terre pendant que la bête féroce, assise dans la nacelle, se laissait tranquillement aller à la dérive. Poursuivi par
d'autres chasseurs, il s'élança à son tour dans
le fleuve, gagna la rive prochaine et disparut
dans la forêt.

. . . .

Me voilà encore une fois revenue dans ma
chère vallée de la Vienne. Fatiguée et vieillie,
je limite au nord de l'Afrique mes migrations
annuelles. Je voudrais qu'un éternel printemps me permît de vivre tranquille au lieu
où je suis née et où j'espère mourir.

> « Ah ! de la jeunesse, oui de la jeunesse
> « S'exhale toujours un chant d'allégresse.
>
> « Quand je m'en allai, quand je m'en allai,
> « Oh! que la maison parut esseulée !
> « Quand je retournai, quand je retournai,
> « Las! vide elle était, vide et désolée! !... »

FIN.

Limoges. — Imp. Marc BARBOU et Cie.